CW01478555

Serie Bianca Feltrinelli

NICOLA GARDINI
I BARONI
COME E PERCHÉ SONO FUGGITO
DALL'UNIVERSITÀ ITALIANA

© Giangiacomo Feltrinelli Editore Milano
Prima edizione in "Serie Bianca" marzo 2009

Published by arrangement with
Marco Vigevani Agenzia Letteraria

Stampa Grafica Sipiel Milano

ISBN 978-88-07-17170-3

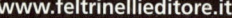
www.feltrinellieditore.it
Libri in uscita, interviste, reading,
commenti e percorsi di lettura.
Aggiornamenti quotidiani

IL RAZZISM
È UNA
RUTTA STORIA.
razzismobruttastoria.net

Se sono arrivato a questo libro, lo devo a un certo numero di persone le quali, in tutti gli anni di cui parlo, mi hanno sostenuto in vari modi. Ringrazio, per primi, mia madre e Nicolas. Tra gli amici italiani dovrei ringraziarne moltissimi. Mi limito a ricordare Grazia Dova, Carlo Fava, Dino Gentili, Martino Marazzi, Renato Sironi e Marina Tagni. Ringrazio tutti gli amici americani e, in modo particolare, Stefano Albertini, Teodolinda Barolini, David Freedberg, Jonathan Galassi e Daniel Javitch. Ringrazio, tra coloro che hanno letto il manoscritto del libro, Marco Longo, Anna Ravano e Antonio Somaini.

Ringrazio i nuovi colleghi inglesi.

Dedico questo libro a tutti gli italiani che, come me, hanno trovato nelle università straniere le condizioni giuste per svolgere il loro lavoro di ricerca e insegnamento.

L'ipocrisia religiosa, la prevalenza delle necessità politiche, le abitudini accademiche, i lunghi ozi, le reminiscenze d'una servitù e abbiezione di parecchi secoli, gl'impulsi estranei sovrapposti al suo libero sviluppo, hanno creata una coscienza artificiale e vacillante, le tolgono ogni raccoglimento, ogn'intimità. La sua vita è ancora esteriore e superficiale.

FRANCESCO DE SANCTIS (dell'Italia)

...la libidine del tiranneggiare e i singulari commodi, le ingiuste voglie in Italia più poterono che le buone legge e santissime consuete discipline

LEON BATTISTA ALBERTI

I miei colleghi intellettuali si dichiarano quasi tutti convinti che l'Italia, in qualche modo, sia migliorata. In realtà l'Italia è un luogo orribile: basta andare qualche giorno all'estero e poi tornare.

PIER PAOLO PASOLINI

Il faut tenter de vivre

PAUL VALÉRY

Avvertenza per il lettore

Questo libro racconta la storia della mia carriera universitaria in Italia, una storia vera. I nomi dei luoghi sono stati mantenuti, non quelli delle persone. Il senso del libro, infatti, non sta nella necessità di riconoscere in questo o quel personaggio qualche individuo reale, ma nell'auspicio che altri riconoscano negli eventi narrati aspetti di un problema più generale, elementi di un malcostume purtroppo ben più diffuso del mio caso personale.

Palermo

...tardi conosco

MICHELANGELO BUONARROTI

Uno dice "Palermo" e io mi vedo che corro ai piedi della montagna brulla, all'ora del tramonto, fino alla punta, prendo la salita, tra i soliti cespugli di cardi, e con un ultimo sforzo, saltando tra i sassi aguzzi, arrivo al faro. Smetto di correre, ma non mi fermo. Saltello di fronte al mare. Solo. Infatti, non incontro mai nessuno, né bestia né essere umano. Però un giorno, mentre riscendo verso Mondello, mi avvicina un cane, sbucato chissà da dove. È la prima volta. Un cane selvatico, brutto, che ringhia e mostra i denti. Non vuole lasciarmi passare, anche se ha tutta la spianata a sua disposizione. Mi guardo in giro, in cerca di aiuto, ma non si vede padrone. Tornare indietro non posso, andare avanti neanche. Gli parlo, ma non serve. Cani così non ascoltano i discorsi. Allora comincio a correre sul posto, in tondo, per non mostrare paura, e intanto dico "Buono".

Un'altra apparizione. Sono al mercato del Capo, non lontano da casa, e sto comprando le pesche. D'un tratto mi passa sopra la testa una bara. Un morto. Nessuno ci bada. A Palermo, che pure ha fama di capitale del pettegolezzo e dell'intrigo, nessuno dà mai segno di interessarsi agli altri. Ancora la vedo quella bara che fluttua sopra di noi come una povera barca vuota. I venditori urlano i prezzi, le madri di famiglia replicano con voci non meno sguaiate, i frutti e le verdure esalano il loro profumo di vita, e intanto il corteo funebre, spintonando ma senza esprimere alcun affanno o fastidio, si fa strada tra le bancarelle e le schiene.

A Palermo ho visto una vecchia signora con la pelliccia di visone all'inizio di giugno: una pelliccia lunga, che arrivava fino ai piedi. Me la ricordo benissimo. Saliva la scalinata del Teatro Massimo, appesa al braccio del marito per non inciampare.

A Palermo una giovane donna, con la quale mi capitò di scambiare due chiacchiere in un caffè del centro, trovandomi poco incline a esaltare le bellezze della sua città (dopo che lei stessa, con retorica comune, mi aveva confidato di esser legata a Palermo da un rapporto di odio e amore), di colpo, indignata come un'Arpia, trasfigurata come una Sibilla, eruppe nella maledizione: "Ti entreremo nelle vene!", con quella pronuncia tipica, che tende a ridurre ad "a" ogni vocale: "T'antrarama nalla vana!"; e la scansione lamentosa e cantilenante, pure quella tipica: "T'antraráma ‖ nalla vána!".

A Palermo, modellino del paese, ho conosciuto che cos'è l'università italiana.

Montagne

La morte è propinqua

FRANCESCO GUICCIARDINI

Da quando si era ammalato, andavo meno. Non volevo affaticarlo. La situazione dei polmoni si era aggravata dopo la morte della signora. Eppure, le sopravvisse di parecchi anni. Diventò molto anziano. Spiegava che non voleva separarsi dalle "bambine", come chiamava le due figlie, che erano mie coetanee. Da Oxford riuscii a fargli visita un paio di volte soltanto. L'ultima, gli portai un libro di Maurice Bowra, che gli avevo promesso. Lo prese dalle mie mani e sospirò con la simpatia che si ha per un caro oggetto ritrovato:

"Il mio Bowra".

In cambio mi prestò gli scritti filologici di Leopardi. Era la prima volta che il mio professore di latino, il grande Alberto Grilli, mi prestava una sua cosa, e niente meno che un libro della sua biblioteca. Siccome gli costava fatica alzarsi dalla poltrona, mi invitò ad andarmelo a prendere da me. Percorsi il corridoio fino in fondo, entrai nello studio e trovai il volume nel punto esatto della biblioteca in cui lui mi aveva preannunciato che lo avrei trovato.

"Glielo riporto la prossima volta," assicurai.

"Non ti preoccupare," mi rispose. "Fa' con calma."

"Questo," aggiunse poi, indicando il Bowra, "lo leggo tra un po'. Prima devo finire altre cose."

E indicò un paio di volumi, appoggiati sul tavolino di vetro.

Stava aspettando la morte. Anzi, la morte era già lì, che

aspettava lui, nascosta dietro la bombola dell'ossigeno, trillante nel campanello con cui il professore, sfiatato e fiacco, richiamava l'attenzione della badante ucraina, ma lui la ignorava. Non le consentiva di mettergli fretta. O almeno così sembrava. E, anche se fingeva, non si poteva non ammirarlo. Il professor Grilli, diversamente dalla maggior parte dei vecchi, la morte non la nominava mai. Era quasi scontato che il libro di Leopardi sarebbe rimasto a me (e, infatti, è ancora qui; lo vedo dal tavolo sul quale scrivo), ma lui fu ben attento a non accennare a una simile eventualità, in parte – credo – anche per una sua infallibile antipatia per l'ovvio e per il patetico.

Parlare gli richiedeva impegno e concentrazione, ma parlava volentieri, lentamente. Amava fornire spiegazioni o fare correzioni. Ancora una volta mi corresse la pronuncia di "Montaigne". Sosteneva che fosse "Montagne", come se la "i" non esistesse, e affermava che per nulla al mondo si sarebbe rassegnato a commettere l'errore che la Francia intera commetteva da qualche secolo. Gli chiesi di illuminarmi su una certa faccenda (una questione di stilistica), e lui, con memoria prontissima, trovò citazioni, sia in latino sia in greco, che potessero servirmi. Parlava come se ancora stesse tenendo una lezione, senza incertezze, con le parole giuste. Si sarebbe detto che avesse già meditato a lungo sulla questione che gli sottoponevo. Ma non era così.

Le aule universitarie gli mancavano. Gli mancava la vicinanza degli studenti. Però, amava anche ascoltare. Mostrava un grandissimo rispetto per i racconti altrui. Gli parlai di Oxford, soffermandomi su certi aspetti caratteristici, come il rito della cena o del tè... Descrivevo il salone di Magdalen College, dove aveva cenato Erasmo, o la vecchia biblioteca, che conservava i cimeli di Lawrence d'Arabia, o il giardino dei Fellows di All Souls e altre curiosità del genere... Parlavo con entusiasmo. Infatti, tutto era ancora nuovo per me. Il professor Grilli mi ascoltava con estrema attenzione, nella penombra. Era febbraio, ma – lo ricorderò sempre – il sole, tramontando, illuminò di colpo la stanza di una luce gialla, quasi estiva. Ero accecato. E lui, con voce strascicata, colpito di lato dai barbagli:

"Sono felice per te. Hai fatto benissimo ad andartene".

Finché fui di ruolo a Palermo, continuò a dire che bisognava trovare un modo per riportarmi su, al Nord. Aveva intenzione di parlare del mio caso a qualcuno di Milano, ma tutti e due sapevamo che, da quando era andato in pensione, la sua capacità di influenza era ridotta a nulla. In realtà, Alberto Grilli non era mai stato un Barone. Al culmine della carriera, riuscì a seguire alcuni allievi e a portarli ai concorsi. Ma non utilizzò mai trucchi o espedienti illeciti, comunissimi anche tra i professori universitari meno prestigiosi. Per lui prima di tutto, cioè prima ancora della sua autorevolezza, contava il grado di preparazione degli allievi. Grilli credeva più che in qualunque cosa nell'eccellenza. Non avrebbe mai fatto console un cavallo.

Credeva nel merito, e in base a questo concetto regolava le proprie opinioni e le proprie passioni. Nonostante l'età e nonostante l'alta posizione accademica, parlò fino all'ultimo con somma reverenza del suo maestro, anzi Maestro, con la maiuscola, come sono certo che la parola fosse scritta nella sua mente. Questa reverenza aveva non solo un che di anacronistico ma sembrava tanto più assurda in un professore come lui che, agli esami di Letteratura latina, aveva fatto piangere generazioni di studenti davanti alle pagine di Tacito e una volta, senza alcuna pietà, aveva bocciato perfino una ragazza incinta. Eppure così era.

Di me aveva una certa stima, ma non ero propriamente uno dei suoi discepoli. Il dottorato io ero andato a prenderlo in America, a New York, dove rimasi per quasi sei anni, dall'inizio del 1990 alla metà inoltrata del 1995. Grilli amava raccontare ai conoscenti comuni che io ero il solo dei suoi allievi che avesse scritto la tesi di laurea senza mai passare da casa sua. In effetti, la scrissi il più velocemente possibile. L'autore era Ammiano Marcellino, che avevo scelto per amore degli ibridi (un amore che non mi ha mai lasciato). A casa del professor Grilli misi piede molti anni dopo, una volta rientrato dall'America con il Ph.D. in Letteratura comparata. Un po' rimpiangevo che, dopo la laurea, non mi avesse proposto di fare un dottorato in Latino o in Filologia classica. In America ero rinato e avevo vissuto anni splendidi, eppure, per quella strana insicurezza o, forse, nostalgia che ci porta ogni tanto a dubitare di quel che siamo diventati, mi domandavo come sarebbe stata la mia vita se fossi rimasto a Milano e lì avessi continuato i miei studi classici. Grilli era stupito dei miei interrogativi.

"Un dottorato in Latino?! Non avrei mai osato proportelo," mi spiegò una volta, con la stessa passione con cui avrebbe spiegato un passo controverso di Cicerone. "Non ricordi che tu non vedevi l'ora di partire? Chi poteva trattenerti?"

Questa spiegazione fu un dono insperato. All'improvviso scoprivo che quell'uomo così rigoroso, così temibile per la profondità della sua dottrina e per l'esclusività dei suoi interessi, aveva saputo riconoscere e accettare i miei desideri di ragazzo, e rimanerne per sempre il testimone. Il professor Grilli, avendo guardato nel cuore della mia giovinezza, mi aveva preso molto più sul serio di quanto io ancora prenda me stesso. Mi aveva lasciato libero di andare dove dovevo.

Il primo concorso

...là dove tanti nobili baroni
eran senza prigion più che prigioni.

LUDOVICO ARIOSTO

Diventai ricercatore al primo tentativo, a Palermo, con un concorso che non era stato pensato per me, ma per il cosiddetto "interno" (che, poi, era una donna). Avevo quasi trentacinque anni.

Che vinca uno di fuori, un "esterno", non è usuale, anzi non succede quasi mai. Non *deve* succedere! Ma io vinsi. Tra le mie conoscenze accademiche si levarono gridolini di approvazione. Dunque, le cose stavano cambiando! Dunque, non era vero che nell'università entravano solo i raccomandati! Il merito, alla fine, veniva premiato! Bravo Nicola! Io ero un esempio per tutti! Etc. etc. In realtà, le cose non stavano assolutamente cambiando, come si vedrà. L'università era quella di sempre. E i miei improvvisati sostenitori lo sapevano bene.

Io, all'inizio, non volevo lavorare nell'università. Non che rifiutassi l'idea. Semplicemente, non lo desideravo. Ero contento di quello che facevo. Mi piaceva. Insegnavo latino e greco in un liceo di Milano (ero passato di ruolo all'inizio degli anni novanta con un concorso ordinario, quando ancora vivevo in America) e il pomeriggio l'avevo libero per studiare, scrivere, dipingere. Non era una brutta vita. Certo, prima o poi mi sarei stufato. Lo sapevo. E allora me ne sarei tornato in America. La gente mi chiedeva perché non ci fossi rimasto. Tutti si stupivano che avessi scelto di tornare. Che ci facevo in Italia? Almeno provassi a entrare all'università! Ma io manco mi sognavo di provarci. Non conoscevo nessuno. Questo mi era chiaro: all'università entri se conosci qualcuno, se ti ci *porta* qualcuno.

Ammetto che, rientrato dall'America, fresco di dottorato, un pensierino ce l'avevo fatto. L'America mi aveva abituato ad avere fiducia. Tutto quello che avevo voluto fare o provato a ottenere (comprese le borse di studio più ambite) mi era riuscito. L'America, per chi studia, è un paradiso. E così, per inesperienza, per abitudine alla buona sorte, illudendomi che l'Italia potesse funzionare come l'America, scrissi al professor Ascanio Scognamiglio, che era una celebrità nel campo dei miei studi e un Barone di immense capacità. Il mio professore americano, Daniel Gilbert, sotto la cui guida avevo scritto la tesi di dottorato, lo conosceva di persona. Dunque, se non altro per questo – per non dispiacere a un collega straniero –, ero certo che il professor Scognamiglio mi avrebbe preso in considerazione. Gli scrissi una lettera franca, molto semplice, in cui gli chiedevo che cosa potesse combinare in Italia uno come me, che aveva in mano un dottorato americano. La stessa domanda avevo rivolto, nel 1994, poco prima di lasciare l'America, a Franco Moretti, che a quel tempo insegnava ancora alla Columbia University. Moretti mi aveva guardato come fossi pazzo, scuotendo la testa. "Non me ne intendo," aveva detto, senza mostrare nessuna simpatia per quello sprovveduto che ero, e mi aveva messo alla porta.

Scognamiglio non mi rispose mai.

Un giorno, qualche anno dopo il mio rientro, precisamente all'inizio del 1999, Daniel Gilbert mi disse che a Cambridge cercavano un professore di Letteratura italiana. Volevo concorrere? Quella domanda mi svegliò da un sonno in cui neanche sapevo di trovarmi. Altro che se volevo concorrere! Di colpo mi rendevo conto che dormivo da anni, e che della scuola italiana mi ero stufato.

Risultai finalista, insieme ad altri quattro. Ci ritrovammo tutti insieme a Cambridge verso l'inizio di ottobre. Ci era chiesto di tenere una lezione di venti minuti su un qualunque tema o autore della letteratura italiana. La notte prima non chiusi occhio. Non feci che ripetere a mente la lezione, in inglese: un commento a una poesia di Andrea Zanzotto. La sapevo a memoria, la lezione (e anche la poesia). Alle sei finalmente mi alzai. Faceva freddo. Il sole era già uscito ma non aveva ancora scaldato la terra. I prati di Downing College, dove alloggiavo, erano attraversati da sottili strisce di brina, che corrispondevano all'ombra degli alberelli. Trovai, dopo molto camminare, un caffè aperto. Feci colazione, ma non potei pagare, perché non avevano da darmi il resto. Promisi alla ragazza che sarei tornato più tardi con i soldi giusti. Tenni la mia lezione, nei venti minuti assegnati, senza intoppi, senza fogli davanti. Nei dieci minuti che seguirono risposi alle domande degli studenti e di un paio di professori. Lasciai l'aula abbastanza soddisfatto. Quindi affrontai il colloquio, che si concluse con la domanda: "If we offered you this position, would you accept it?". "Che domanda!" pensai. "Of course!"

Tornai a pagare la colazione e partii. Una volta all'aeroporto chiamai la segretaria del dipartimento. Mi comunicò il nome del vincitore e mi pregò di mantenere il riserbo per qualche giorno ancora. Il vincitore non ero io. Cercai di consolarmi comprando nella libreria di Stansted tutti i romanzi di James Ellroy. Ma, al momento, la mia delusione era irreparabile. Non posso descrivere in quale stato di prostrazione mi sia messo ad aspettare l'aereo. Un'intelligenza maligna aveva deciso di instillarmi il disgusto della vita che conducevo e ora, dopo avermi mostrato una via di fuga, mi impediva sadicamente di prenderla.

L'insuccesso inglese, in realtà, non fu così negativo come mi apparve quel giorno, lì, all'aeroporto, dove non smettevo di domandarmi: "Che cosa sono venuto a fare fin qui?". Adesso, se non altro, avevo la chiara coscienza che dell'insegnamento ginnasiale non ne potevo più. Mi dicevo: ancora un paio d'anni e me ne torno in America. Non so quanto ci credessi. Vedevo che i miei stavano invecchiando e sapevo che avevano bisogno di me. Intanto, però, mi serviva credere che sarei stato capace di farlo.

Prima dell'estate mi telefonò Piero Maltolti. Ci eravamo conosciuti alle riunioni di una casa editrice. Non ricordo che ci fossimo mai chiamati, non sapeva niente né di Cambridge né della mia voglia di cambiare vita. Eppure mi cercava per indicarmi una possibile alternativa. Avevano bandito un posto di ricercatore a Palermo in Letteratura comparata.

"Concorri," mi esortò.

Al momento pensai: "Che gentile!".

Oggi che vedo tutto più chiaramente mi chiedo per conto di chi mi facesse quella telefonata.

Mandai la domanda e spedii il pacco dei titoli (cioè i libri e gli articoli che avevo pubblicato). E me ne dimenticai. Figuriamoci se mi mettevo a sperare di vincere.

Cominciò l'estate. Fui convocato per gli scritti attraverso una raccomandata, che non andai a ritirare. Sulle date venni informato per altra via, da una seconda telefonata inattesa. Questa volta mi chiamava un perfetto sconosciuto.

"Sono Giovanni Meneghetti. Il concorso di Palermo dovrei vincerlo io, anche se è stato bandito per un'interna, una palermitana. Però io non mi presento, perché ho già un posto in Francia. Ascanio, che è nella commissione, non vorrebbe dare il posto a quella. Se vai tu, vinci."

Disse più o meno così, con voce poco virile, ma risoluta. Ascanio, ovviamente, è il famoso professor Scognamiglio che non aveva mai risposto alla mia lettera di qualche anno prima.

Giovanni Meneghetti non agiva certo per bontà o generosità, anche se al momento si sarebbe detto che mi stesse facendo un favore. In realtà lui non aveva nessuna voglia di finire a Palermo. Della Francia non era contento, ma tra i due mali sceglieva il minore o, come dice Dante, "de li due sentieri prendeva lo men reo". Sapeva che prima o poi sarebbe stato preparato per lui un concorso più vantaggioso. E, infatti, così è stato. Neanche due anni dopo Meneghetti diventava professore associato all'Università di Arezzo.

Gli scritti erano imminenti. Mi buttai nello studio. Lessi una quantità enorme di romanzi: da Cervantes a Tolstoj a Proust a Svevo... Prendevo appunti freneticamente (che poi mi servirono per scrivere un manuale di Letteratura comparata). Volevo fare un bell'esame, questo mi dicevo; non che volevo vincere.

L'idea di vivere a Palermo mi attirava. L'avevo visitata più volte e mi era sempre piaciuta. A parte la voglia di cambiare lavoro, avevo anche voglia di ricominciare da un'altra parte, di affrancarmi dal ricordo di New York, mettendo qualcosa di nuovo tra me e la mia bellissima, irrecuperabile giovinezza americana...

Alla fine di giugno, alla Stazione centrale di Milano, incontrai Cesare Villani. Lui era professore ordinario di Letteratura inglese all'Università di Perugia. Ci conoscevamo da diversi anni. Senza sapere chi fosse, avevo recensito un suo libro di saggi. Da quel momento mi considerò un amico, benché la mia recensione non contenesse solo lodi, e ogni volta che passava da Milano mi convocava alla stazione per un saluto. Cesare, unico tra gli accademici italiani che conoscevo a quei tempi, continuava a ripetere che uno come me al liceo era sprecato.

"Se questo fosse un paese civile," diceva, "tu dovresti già essere ordinario. Invece, permettono che tu sprechi il tuo tempo a insegnare le declinazioni ai bambinetti."

Neanche si accorgeva che lui, che per me non muoveva né avrebbe mai mosso un dito, era uno di quelli che permettevano lo spreco del mio tempo. Ma una simile contraddizione, allora, a me non pareva né grave né offensiva.

Cesare, non appena sentì che mi ero iscritto al concorso di Palermo, strinse gli occhi, come era sua abitudine fare quando credeva di scorgere qualche forma interessante sull'orizzonte della sua immaginazione.

"Quel posto può essere tuo. Ma non lo sarà se non hai dalla tua il presidente della commissione."

E allora, per la prima volta nella mia vita, sentii fare il nome che per qualche anno, in modo inestricabile, sarebbe stato parte della mia realtà professionale: Carmelo Corona.

Chi non lavora all'università, e in particolare nel settore della Letteratura comparata, non l'ha mai sentito questo nome. Ma una volta che ci entri o ti ci avvicini, subito capisci che questo nome è una specie di marchio di fabbrica. Si sostituisce perfino alla cosa, come la parola "biro". Tutti lo usano. E nessuno lo mette in discussione. Anzi, a quel nome la gente ricorre con esagerata confidenza, se ne riempie la bocca, quasi per propiziarselo o per rivelare una familiarità già avanzata. Molti dicono solo "Carmelo".

Carmelo Corona non è solo un professore di Letteratura comparata. Anzi, all'insegnamento e alla ricerca si è dedicato con parsimonia. Carmelo Corona è soprattutto un "uomo di potere", come si ama dire con espressione tipicamente italiana. Quest'espressione, si sa, è dispregiativa ed elogiativa a un tempo, e trae significato logico da quello stesso atteggiamento – anche questo tipicamente italiano – per cui molta gente, senza imbarazzo, esprime ammirazione per coloro che hanno l'abilità di fregarli senza farsi prendere.

Corona è uno che ha la mappa degli atenei davanti agli occhi dalla mattina alla sera. Palermitano, era stato fino a pochi anni prima preside di facoltà a Palermo, proprio dove si teneva il mio concorso. Da lì era venuto via in malo modo, sbattendo la porta, per ragioni che non ho mai avuto la curiosità di indagare, e ora era vicerettore dello IICC (Istituto italiano per la comunicazione e il commercio) – sigla cui, divenuto rettore poco tempo dopo, avrebbe cambiato disinvoltamente il genere grammaticale: *la* IICC, per innalzare, con poca spesa, l'istituto al rango di vera e propria università. Nonostante si fosse trasferito al Nord, Corona manteneva impegni e incarichi istituzionali nella città d'origine e a Roma. Era presidente di vari premi letterari, membro del comitato direttivo di alcuni teatri e tante altre belle cose collegate alla cultura. A Palermo, comunque, Corona si recava soprattutto in veste di presidente di un istituto bancario. Vedi, lettore, quanto sia distante quest'uomo dal tipico professore di letteratura.

Gli impegni che ho nominato non sono tutti. Chissà quanti altri ne ha. Però si sa che ha parecchio da fare, oltre che a Milano e a Palermo, anche nella capitale, dove passa gli ultimi giorni della settimana. Insomma, quest'uomo, che è sicuramente dotato di un'energia non comune, è dappertutto. Una volta che hai sentito il suo nome, puoi solo continuare a sentirlo. In Corona l'infantilismo del Barone si incarna in forma esemplare. Il Barone è il bambino che non vuole cedere neanche per un momento il suo giocattolo e anzi pretende di accaparrarsi anche quelli degli altri e dice "mio" davanti a qualunque cosa. Il bambino, nel Barone, non è mai finito; si è conservato sotto la scorza delle varie metamorfosi cui l'individuo è andato incontro di giorno in giorno e oggi, invariato, è al servizio dell'uomo adulto. Ma, a differenza dei bambini, i Baroni spesso si riducono a vivere vite orribili, schiavi delle loro stesse brighe.

Seguii il consiglio di Villani e, dato che mi veniva facile, passai a trovare Corona. Era una giornata di insopportabile calura. La cravatta mi strangolava e la camicia mi si era incollata alla schiena per il sudore (ma così, secondo le indicazioni di Villani, occorreva che vestissi per quell'incontro). Corona, dopo un'anticamera di qualche minuto, mi accolse con affabilità, senza accrescere in alcun modo l'imbarazzo in cui mi trovavo. Evidentemente lui, Barone, non vedeva nulla di strano nel fatto che un candidato gli rendesse omaggio prima del concorso (io, invece, sì; e se ero lì, era solo perché avevo seguito il parere di un altro Barone). Sedeva, con aria soddisfatta, dietro una grande scrivania, in un ufficio grande e panoramico. Insisto sulla grandezza. Infatti, l'ufficio di Corona sembrava più che altro l'imitazione di un luogo di lavoro, come se tanto spazio non fosse necessario e avesse un puro valore simbolico. Forse l'impressione di grandezza derivava principalmente dal vuoto: le pareti erano sgombre e gli scaffali non sostenevano alcun libro.

Corona reggeva una penna stilografica, da entrambe le estremità, in posizione orizzontale. E guatava. Aveva una faccia tipica – una di quelle facce meridionali, rotonde, con gli occhi cerchiati di nero e le palpebre alte (o semiabbassate, alla Salman Rushdie), dai tratti marcati e dalla pelle olivastra, che ricordano certi ritratti primonovecenteschi o il trucco degli attori del muto o la faccia dei califfi delle fiabe animate. Avevo preparato un discorsetto, ma bastò dirgli che mi ero iscritto al concorso di Palermo ed ero venuto a portargli di persona le mie pubblicazioni. Lui prese il pacco e mi ringraziò. Aggiunse che gli piacevano quelli che avevano iniziativa. E, senza alzarsi, mi congedò, facendomi molti auguri.

Vittoria?

Fog everywhere
CHARLES DICKENS

A Palermo mi accompagnò Carlo, l'amico che seguiva le mie avventure scolastiche fin dal quasi immemorabile tempo in cui ci eravamo conosciuti sui banchi del ginnasio. Prendemmo una stanza al modesto, ma dignitoso hotel Magic, non lontano dal dipartimento, che allora si trovava in piazza Florio. Al Grand Hotel, che era ancora più vicino al dipartimento, non avevano stanze. Mi sarebbe piaciuto dormire almeno una notte dove aveva alloggiato Wagner (in un angolo della hall è in mostra il suo seggiolino) e dove Raymond Roussel si era tolto la vita, nella vasca da bagno.

Agli scritti eravamo in pochissimi. C'era la palermitana (l'interna), molto appartata, zitta, notevole solo per la tunica indianeggiante che indossava, e c'erano altri tre da fuori, con i quali scambiai qualche chiacchiera. Una di questi, tale Sonia Carnazzi (memorizza, lettore, questo nome), una belloccia già sulla quarantina, vestita da donna manager, modenese, ci disse, alla fine del primo scritto, che a Palermo non si sarebbe trasferita.

"Farò su e giù, come tanti altri," spiegò, evidentemente convinta che il posto sarebbe andato a lei. "Mica sono matta a chiudermi quaggiù. E poi aspetterò il trasferimento."

"Quanti anni si aspetta per avere il trasferimento?" domandò un'altra, una di Roma, che aveva un sorriso buono e gentile, tirandosi fuori dal gioco con quella stessa domanda.

La Carnazzi scoppiò a ridere.

"Che ne so io? Una cosa alla volta!"

La palermitana, che stava bene attenta a non stabilire alcun tipo di contatto con nessuno di noi, ascoltava queste chiacchiere con algida impassibilità. Ma dalla violenza con cui sbatté la penna in borsa si capì che i discorsi della Carnazzi l'avevano disturbata non poco. In effetti, nessuno – non solo la Carnazzi – l'aveva trattata con il riguardo che forse lei si sarebbe aspettata. Io, allora, di lei non conoscevo neppure il nome.

La stessa Carnazzi, con una scelta apparentemente assurda se non autodistruttiva, si oppose alla pratica consueta di fissare la data degli orali subito dopo quella degli scritti – cosa che sarebbe convenuta a tutti, alla commissione così come ai candidati. Infatti, nessuno, a parte l'interna, viveva stabilmente a Palermo. In verità, la Carnazzi aveva i suoi buoni motivi per imporre una simile condizione: il rinvio le avrebbe concesso più tempo per lavorare a proprio vantaggio (cosa di cui io, allora, non mi rendevo conto). Non ci fu verso di persuaderla a cambiare idea. E gli orali, con grande fastidio sia dei membri della commissione sia degli altri candidati, furono rimandati a data da destinarsi, sicuramente a dopo l'estate.

Fatto anche il secondo scritto, passai l'ultimo pomeriggio in spiaggia, a Mondello, con Carlo, che anche questa volta era rimasto a letto fino al mio ritorno. Ero stremato. A Mondello, disteso sulla sabbia, ancora vestito da concorso, toccò a me dormire come un ghiro. Mi svegliai poco prima che il sole tramontasse. Non ricordavo né dove fossi né perché fossi lì. All'improvviso tutto mi tornò in mente ed ebbi un tuffo al cuore. Sapevo di aver svolto due buoni temi, ma non sapevo che cosa pensare. Però, provavo un senso di liberazione, quell'abbandono che ci prende quando sentiamo di aver fatto tutto ciò che era in nostro potere. E il rumore del mare sembrava darmi ragione. Carlo era convinto che avessi già vinto. Lui fumava vicino a me, tranquillo, guardando l'azzurro.

Le prove scritte del concorso furono corrette nel caveau della sede centrale del Credito palermitano. A Corona andava bene che vincessi io e non la palermitana, perché questa era la protetta di Fecaloro, il capo del dipartimento, e a lui Fecaloro non stava più simpatico, mi dissero. Mi diedero anche a intendere che Corona, permettendo che al posto della protetta di Fecaloro venisse assunto un altro, mirasse a punire Fecaloro per qualche atto di insubordinazione. Fecaloro, infatti, cominciava a stare sullo stomaco a parecchi nel dipartimento. Numerosi, come si vedrà, migrarono ad altri dipartimenti poco dopo il mio arrivo.

Tornato a Milano, appresi che la Carnazzi era stata fidanzata con un tale Oliviero Castro, un oscurissimo che aveva mire di chiarissimo (per simili mire molti stringono alleanze con i Baroni, legittimando più questi che se stessi). Castro per tutta l'estate aveva fatto pressione su Corona perché a vincere fosse la Carnazzi (potenza dell'amore, anche quando è finito, o forza del senso di colpa?). La manovra, però, almeno questa volta, non gli riuscì, per cause che ancora non mi risultano del tutto comprensibili (tranne che, a quei tempi, Castro non era ancora il grande amico di Corona che tutti oggi sanno che è diventato). E a settembre, quando finalmente ritornai a Palermo per gli orali, la Carnazzi non c'era. L'aspettammo per un'ora buona. Non si presentò. Non venne neppure l'interna, che aveva riportato voti molto bassi in entrambi gli scritti. Ma non certo per i risultati questa scelse di eclissarsi. Infatti, non è norma che la bravura determini l'esito dei concorsi. Evidentemente le sue fonti di informazione le avevano confermato che il vincitore sarebbe stato un esterno.

A Palermo, quella mattina, si soffocava dal caldo. La sete mi tormentava. Continuavo a chiedere alla segretaria della preside di darmi dell'acqua. Lei riempiva il bicchiere, ma sbuffava: "Dio, quanto bevi!". C'erano altri due, con i quali avevo già scambiato qualche chiacchiera agli scritti. Erano rassegnati alla sconfitta, ma non mostrarono nei miei confronti nessuna animosità. Lei era al settimo concorso, lui al diciottesimo.

Vinsi con parecchi punti di vantaggio. In pratica avevo già vinto con il punteggio degli scritti. L'orale lo sostenni pro forma. Mi fu chiesto di leggere un pezzettino in inglese e di tradurlo. Circolavano voci che Corona l'inglese non lo sapesse. L'avevo capito da me. La volta precedente, leggendo i titoli dei temi, anziché *Bleak House*, titolo del romanzo di Dickens, aveva pronunciato *Black House*. "Casa nera", non "Casa desolata".

Nessuno si congratulò con me. Scognamiglio, con aria mogia, mi disse:

"Adesso c'è il guaio di riportarti verso il Nord".

Ma a me allora a questo guaio non veniva da pensare (e neanche potevo prevedere quanto sarebbe stato grande). Io – mi viene da ridere adesso che ne scrivo – ero contento.

Quasi dimenticavo di riportare che la commissione includeva una terza persona, tale Lucio Parenzi. Poveraccio, lui manco lo sentii fiatare. Lo ricordo distinto e garbato, vestito di chiaro, come un giocatore di golf o un anziano della Florida. Ma non era affatto anziano. Morì pochi giorni dopo il concorso, di infarto. Come si vedrà, non è l'unico morto in questa storia.

Una settimana dopo la vittoria, presi il treno e andai a trovare Meneghetti, che per caso era ospite di alcuni amici, dalle parti di Como. Era ora che incontrassi l'artefice principale della mia vittoria. Se Meneghetti non mi avesse fatto quella telefonata, io non sarei mai sceso a Palermo e la mia vita non avrebbe preso quella svolta.

La persona fisica era l'esatto specchio della voce che avevo sentito al telefono: esile, adolescenziale, ma ferma. La faccia era quella di un pretino. Ci riconoscemmo a colpo sicuro, per istinto, in capo al binario.

"Dove andiamo?" proposi.

Intendevo portarlo a pranzo in un buon ristorante e ringraziarlo così per quello che aveva fatto per me. Invece, Meneghetti preferì il bar della stazione. Lui, in pratica, odia il cibo. E, sentendolo imbastire grandi discorsi sul futuro dell'università italiana, mi accontentai anch'io di pranzare con un cappuccino. Dopo di che ripresi il treno per Milano. Non sapevo che l'avrei rivisto solo un'altra volta nella mia vita, e in circostanze del tutto inattese, dall'altra parte del mondo.

L'addio al liceo

Ed avendo egli osservato altresì che con uscire alla luce i lessici e i commenti la lingua latina andò in decadenza, si risolvé non prender mai più tal sorta di libri tra le mani

GIAMBATTISTA VICO

Appena seppi la data della mia entrata in servizio, presi contatto telefonico, da Milano, con il dipartimento. Provai più volte, per più giorni, e finalmente mi passarono il capo, il professor Attilio Fecaloro. Non mi disse né "piacere" né niente. Fu molto vago e frettoloso. Non aveva idea di quello che avrei fatto. "Nan la sa", "Nan la sa", ripeteva. Cioè, "Non lo so".

"Vuole che ci incontriamo di persona?" proposi.

"A par quala mativa?" fu la sua risposta.

Su consiglio di Meneghetti chiamai anche un'altra collega di Palermo, anche lei ricercatrice di Comparata, Mariolina D'Angelo, detta Rosi. Anche la Rosi era una di fuori, come me. Era di Bari, abitava a Napoli e a Palermo divideva un appartamento con altri due. Lei fu più gentile di Fecaloro (lo sarebbe sempre stata, non tanto per affinità o simpatia quanto per buona creanza). Pur senza esprimere alcuna gioia, almeno mi fece le congratulazioni. Anche nella sua voce, però, vibrava una nota sbagliata, come un fastidio o un imbarazzo, al quale non diedi troppo peso.

Al liceo insegnai ancora per qualche settimana. Nonostante la soddisfazione di andarmene, mi dispiaceva interrompere il lavoro che avevo iniziato con gli studenti fin dall'anno prima. Insegnavo con l'impegno di sempre, perfino maggiore. Mi ero ripromesso di insegnare tutto quello che potevo nei pochi giorni che mi restavano. Sapevo che, se avessi annunciato la mia partenza, i ragazzi si sarebbero distratti e avrebbero smesso di studiare le lunghe liste di vocaboli greci e latini che assegnavo loro quotidianamente. Nel giro di poco più di un anno li avevo resi capaci di tradurre a prima vista qualunque brano di media difficoltà con disinvoltura non comune. L'uso del vocabolario era consentito solo a casa. Non permettevo che lo consultassero neppure durante i compiti in classe. La versione da tradurre era composta di parole che io avevo già preventivamente dato loro da memorizzare. In questo modo eliminavo una delle fonti principali di errore: la cattiva interpretazione del vocabolario; e l'alibi di aver trovato quel certo significato – per quanto sbagliato – sul vocabolario. I miei studenti facevano pochissimi errori, e questi erano dovuti o a studio limitato o a difetti di memoria o semplicemente a scarsa comprensione della grammatica. Anche i miei criteri di giudizio in questo modo diventavano più chiari. E gli studenti capivano a colpo sicuro dove occorreva intervenire per sanare il male. Di questo meraviglioso esperimento, dei cui frutti sono ancora fiero, ero debitore al modello di un certo professor Chieregato. A quei tempi questo genio della pedagogia insegnava latino e greco in un liceo di Pioltello, dove io, alcuni anni prima, ero stato commissario esterno per gli esami di maturità. Tutti i suoi studenti tradussero il brano di greco (un difficile pezzo di Demostene) in modo egregio. Quelli dell'altra classe consegnarono un disastro. Credetti che gli studenti di Chieregato già conoscessero il brano. Ma non era così. E Chieregato, che ancora ringrazio, mi rivelò il suo segreto.

Una settimana prima della mia partenza parlai agli studenti. Loro reagirono nella maniera più imprevista. Non solo continuarono a studiare le parole e a tradurre, ma mi coprirono di lettere e di regali. L'ultimo giorno, mi consegnarono una videocassetta, in cui apparivano tutti. C'ero anch'io, che spiegavo il periodo ipotetico dipendente alla lavagna, appena due giorni prima, ripreso senza che me ne accorgessi. Al momento dell'addio, alcuni piansero. Mi raccomandai che continuassero a studiare come io avevo insegnato loro.

L'entrata in servizio

...de le nuove cose lo fine non è certo
DANTE

Avevo raccolto, attraverso gli amici, alcuni numeri di telefono di palermitani. Cercavo casa. Chiamai tutti, ma nessuno seppe darmi una mano. Alla fine, su indicazione di una vicina dei miei, arrivai a un certo Giuseppe Lo Bue. Questo Giuseppe era disposto a lasciarmi la sua casa per un paio di settimane. Intanto lui se ne sarebbe tornato dalla madre, che abitava al piano di sopra. Non stavano proprio in città, ma dalla parte di Mondello, appena fuori dal paese. Se non altro avrei avuto il mare vicino. Ci mettemmo d'accordo per una cifra irrisoria.

Del mio appartamento di Milano, che avevo in affitto da quando ero rientrato dall'America, non sapevo che fare. Per un attimo, reso cieco dalla vittoria, avevo pensato perfino di lasciarlo. Pensavo che ormai la mia casa fosse a Palermo. Qualcuno mi consigliò di subaffittarlo, ma mia madre mi disse che ero matto. Così, la mattina che partii per Palermo, mi chiusi la porta alle spalle come se fossi dovuto rientrare la sera. Mio padre era venuto a salutarmi.

"Proprio a Palermo dovevi trovare lavoro?" mi domandò, perplesso.

E mi raccontò che un palermitano, quando da giovane abitava in Germania, aveva minacciato una donna incinta con un coltello.

"Quella è gente cattiva!" disse.

Povero papà, presto avrebbe smesso di preoccuparsi

per suo figlio! Presto non avrebbe più nemmeno saputo il significato della parola figlio! Già quel giorno, in strada, prima che ci separassimo, mi disse: "Da che parte si va?". Io presi questa domanda per una battuta e non ne fui allarmato. Però la riportai sul mio diario. Pensavo che si riferisse al mio viaggio verso l'ignoto. A quel tempo ignoravo che anche mio padre aveva appena cominciato un suo difficilissimo viaggio; che lui per primo, per una malattia ancora segreta, si era allontanato dalle sue cose e dal suo passato.

A Linate il mio volo venne rimandato per nebbia, una nebbia strana, fittissima, del tutto inusuale in quella stagione. Arrivai a Palermo con quattro ore di ritardo. Giuseppe Lo Bue era lì. Aveva perso mezza giornata ad aspettare me.

"Tanto non ho niente da fare," mi disse.

Era un bel giovanotto, moro, sulla trentina. Guardava per terra dalla rabbia, perché lo avevano multato.

"Questa è Palermo," mi disse. "Rimarrò l'unico nella storia della città che si è preso una multa per essersi acceso una sigaretta all'aeroporto."

Intorno a noi stava fumando un sacco di gente, e non c'era traccia di vigili. Mi offrii di pagare la multa. Giuseppe rifiutò con una scrollata di spalle.

"Sono solo 1500 lire."

Era una bella giornata. Si era quasi a fine ottobre ma a me sembrava di aver appena cominciato le vacanze estive. Dalla macchina guardavo il mare e mi veniva da ridere.

La mamma di Giuseppe aveva preparato anche per me. Mangiammo nel cortile della casa, sotto una pergola. C'era anche il fratello di Giuseppe, un ragazzo irrequieto che fumava più di Giuseppe. Erano persone molto gentili, che mi stavano dando il benvenuto. Giuseppe, però, non era tipo da festeggiamenti.

"Preparati," mi minacciava. "Qui siamo a Palermo, non a Milano."

E la madre gli faceva gli occhiacci.

"Lascialo stare. Se è qui, vuol dire che è bravo."

Lui annuiva come per dire:
"Staremo a vedere".

Giuseppe era disoccupato. Aveva preso il diploma da geometra, molti anni prima, ma non l'aveva mai usato. Per un paio d'anni aveva vissuto in casa di uno zio a Parma. Non mi volle raccontare che cosa ci fosse andato a fare, a Parma.

"Hai capito che i soldi che mi dai tu mi servono," mi disse quando la madre si ritirò a lavare i piatti. "Puoi stare tutto il tempo che vuoi."

Andammo al mare. La spiaggia era deserta. Giuseppe fumava e pensava.

La mattina dopo mi accompagnò in città, a prendere servizio. Mi lasciò in piazza Marina, davanti al maestoso palazzo dell'università. La piazza era attraversata da squadroni di cani randagi. Presto avrei fatto l'abitudine alla presenza di quegli animali, sporchi e denutriti, che circolavano per il centro della città giorno e notte.

Firmato quello che c'era da firmare, al quarto piano del palazzo, nell'Ufficio del personale, mi incamminai in direzione del dipartimento. Avanzavo in un'aria di polvere e di smog, slalomando tra le automobili che sbucavano da ogni parte e correvano anche sui marciapiedi, conscio e al tempo stesso incredulo del mio nuovo stato. Avevo preso servizio nell'università! Una nuova vita cominciava, ma quella camminata, lo vedevo bene, non aveva gran che di trionfale.

Arrivai in piazza Florio e, dopo aver ammirato il bel cerchio di palme che circondavano le panchine, mi infilai in un androne scuro. Nessun'insegna, nessuna targa dimostrava che quella fosse la mia destinazione. Tornai all'aperto e rilessi il numero civico.

"Ca ciarca?" mi apostrofò una voce.

Mi voltai e vidi due uomini, uno distrutto dagli anni, seduto sul cofano di una macchina, come un bambino sul letto dei genitori, e l'altro parecchio più giovane, ma mal tenuto pure lui, quello che si era rivolto a me. La somiglianza rivelava che erano padre e figlio. Dissi allo sconosciuto quel che cercavo e lui, che era il portiere del palazzo (anche se passava la maggior parte del tempo all'aperto, lavorando come posteggiatore), mi confermò che lì si trovava il dipartimento di Letteratura comparata.

A piedi salii al quinto piano (l'ascensore, quella mattina, era rotto, e lo sarebbe stato quasi sempre). Mi presentai alla bidella del dipartimento, che occupava uno stanzino proprio di fronte all'ascensore, circondata da cassette e scatoloni vuoti, e chiesi dove si trovasse l'ufficio del professor Fecaloro. Solo a quel punto notai che la bidella, una donna sulla cinquantina, dall'aspetto malinconico, stava guardando la televisione, a volume così basso che quasi non si udiva. Non mi rispose. Ripetei la domanda. Allora lei, distogliendo malvolentieri lo sguardo dallo schermo, allungò il braccio in una direzione vaga, con una faccia parecchio contrariata. Mi avventurai nel corridoio buio e fresco e, dopo qualche passo, lessi il nome del direttore su una porta semiaperta. Bussai e la voce che già conoscevo, dall'interno, ordinò:

"Avanti".

Spinsi la porta. La prima cosa che notai fu un grande pezzo di cielo, sporco di calore, incorniciato dall'alluminio della finestra e frangiato, in basso, dalla cima delle altissime, immobili palme della piazza. Poi posai gli occhi su di lui, seduto alla scrivania. Non mi aveva mai visto, ma in un attimo, prima ancora che io aprissi bocca, riconobbe la mia identità. In quell'attimo sulla sua faccia si susseguirono l'incertezza, la sorpresa, la delusione e infine il dispetto, e con tale rapidità che la somma di quei sentimenti a uno meno accorto di me sarebbe apparsa impassibilità, così come i colori dell'iride su una ruota che gira velocemente danno l'impressione del bianco.

C'era anche la palermitana, cioè l'interna, immobile davanti alla scrivania, paralizzata, fulminata dalla mia apparizione, quasi l'avessi sorpresa in qualche attività proibita. Non mi sarei aspettato di rivederla mai più. Di lei mi ero perfino dimenticato. Che ingenuo che ero ancora! Gente così appartiene ai dipartimenti non meno che i muri. Marta Molina (come si chiama) viveva praticamente lì, al quinto piano, nell'ufficio di Fecaloro, e ci viveva da anni. Non aveva nessun contratto. Aveva già tentato di diventare ricercatrice nel precedente concorso, cinque anni prima. Ma il posto quella volta gliel'aveva portato via la Rosi (alla quale, per questo, continuava a non rivolgere la parola).

"Ecco il problema Gardini!"

Queste furono le prime parole che Fecaloro pronunciò in mia presenza. Quindi, senza darmi il tempo di fiatare, mi chiese di aspettare fuori dal suo ufficio. Sembrava preso da qualcosa di molto urgente. Avrei presto scoperto che quello era il suo atteggiamento abituale – mostrarsi indaffarato o di fretta.

La Molina non solo non rispose al mio saluto, ma evitò anche il mio sguardo. Avrebbe cominciato a rispondere al mio saluto un paio d'anni più tardi (privilegio che, secondo la Rosi, derivava dal fatto che io ero uomo). Ovviamente lei aveva buone ragioni per avercela con me. Però il suo comportamento non era così eccezionale. In quel dipartimento *nessuno* mi rivolse mai la parola. Un nuovo collega era arrivato ma, evidentemente, là non era costume o norma accoglierlo o salutarlo. Né alcuno diede mai segno di trovare strano che un milanese si trovasse lì. In realtà, era strano sì. Per tutti. Per questo non mi parlavano. Io, però, almeno quel primo anno, non volevo mettermelo in testa. Pensavo che i palermitani fossero semplicemente chiusi, riservati, superbi. Ne hanno la fama. Perciò mi dicevo che occorreva solo conquistarne la fiducia. Non escludevo che sarebbe accaduto. Era solo questione di tempo. Manco mi passava per la mente che tutti, dico tutti, mi considerassero un usurpatore, o meglio: una creatura di Carmelo Corona! E lo ero, in effetti, benché io fossi ben lungi dal sospettarlo, poiché io sapevo che con Carmelo Corona non avevo proprio nulla a che spartire. Io non mi sono mai sentito di dovere la vittoria del concorso a nessuno. E in questo atteggiamento stava un mio fondamentale errore. Non è che fossi irriconoscente. Io sentivo di dovere la mia vittoria unicamente alle mie capacità. D'accordo, mi avevano lasciato vincere. Ma io avevo vinto per meriti oggettivi, incontestabili; perché avevo fatto prove migliori e avevo pubblicato più di tutti. Di nuovo: che ingenuo! I titoli e i meriti non servono a niente quando si tratta di concorsi universitari. Io avevo vinto perché rientravo nel piano di un Barone. Io ero una pedina di una scacchiera, una cosa che obbedisce alla mano del giocatore. Io – ecco la verità – mi trovavo lì per un caso del gioco: ero la vendetta di Corona.

Non so se Corona considerò un fatto: che i palermitani, mal tollerando la soluzione che lui imponeva, avrebbero scaricato il loro scontento direttamente su di me. Sono quasi certo che Corona non lo considerò, quel fatto. A Corona di me non importava niente di niente. Lui, attraverso me, puniva Fecaloro per un qualche sgarbo. Il resto, cioè la mia vita, per lui non contava. Non esisteva. Un certo episodio mostra in modo esemplare quanto poco il professor Corona si curasse di me o gli premesse mostrarmi rispetto, pur solo formalmente. Avevo preso servizio da un paio di mesi. Ero all'aeroporto e aspettavo di imbarcarmi. Nella fila, proprio dietro a me, c'era lui, Corona. Lo riconobbi dalla voce. Infatti, al solito, era incollato al cellulare. Appena smise di parlare, mi voltai e lo salutai. Lui esitò a contraccambiare il saluto, ma mi salutò. Mi salutò e basta. Non aggiunse nulla. Avrebbe potuto domandarmi: "Coma va?", "Come ti trovi?" o qualunque cosa del genere. Invece, non fece motto. Al mio sguardo interrogativo oppose un'imperscrutabile maschera, in cui tanto più risaltavano le sue antiche ascendenze mediorientali.

Per puro caso, nell'aereo, ci ritrovammo seduti l'uno a fianco all'altro. Corona si immerse nella lettura di certe carte, riuscendo a imporre anche lì, per tutta la durata del volo, un silenzio inattaccabile, un invisibile schermo tra me e lui, come una cortina elettrica che mi avrebbe folgorato se solo avessi provato a sfiorarla. Una volta arrivati a destinazione, ci eravamo trasformati in due perfetti estranei. Ogni traccia di familiarità era svanita. Ogni memoria. Avrei scoperto col tempo che l'oblio e la cancellazione sono armi tipiche dei Baroni. Senza periodiche immersioni nell'acqua del Lete i Baroni non sarebbero in grado di mandare avanti i loro traffici, perché le vecchie inimicizie e le questioni irrisolte sono solo di intralcio. I Baroni, invece, vogliono continuare, nonostante tutto. Sono un po' come l'araba fenice. O, come ho già notato, i bambini.

Fantasma

*A me pare così difficile l'apparere quel ch'io
non sono, come il celar quel ch'io sono*

<small>TORQUATO TASSO</small>

Fecaloro, quando infine, qualche giorno dopo, si degnò
di ricevermi, mi disse che lì per me non c'era niente da fare. Non usò giri di parole. Me lo disse quasi in tono confidenziale, come se mettesse un vecchio amico a parte di un
segreto. E, visto che non reagivo, aggiunse:

"Magari puoi aiutare Rosi a fare gli esami".

"Quanto tempo dovrò passare al dipartimento?" mi
informai.

Si fece una risata.

"Che ne so? Ci stai così male a Milano?"

"No," risposi.

"E allora stattene a Milano!"

"Io sto cercando casa a Palermo," confessai.

"Stai cercando che?!" soffiò con un mezzo sorriso di
scherno, che mal celava lo spavento. "Che casa e casa! A
Milano devi rimanere. Qua la casa non ti serve a niente!"

Non me l'avrebbe potuto dire in modo più chiaro: *io non
appartenevo a quel dipartimento*. Eppure non riuscivo ancora a mettermelo in testa. Se l'avessi capito prima mi sarei risparmiato una lunga serie di brutte sorprese, e un bel
po' di soldi. Quante volte partii da Milano per partecipare
a riunioni che, una volta arrivato, scoprivo cancellate (allora non esistevano i voli low-cost, e un biglietto aereo per
Palermo poteva costare anche la metà del mio stipendio
mensile). Diverse volte scesi per gli esami senza trovare un

solo iscritto. Nessuno, naturalmente, si prendeva la briga di avvertirmi, e io senza successo tentavo di mettermi in contatto con il dipartimento prima di scendere: o la linea era sempre occupata, o nessuno rispondeva, o la bidella non sapeva niente.

La mia attività didattica, fin da subito, fu sottoposta a una sistematica e sottile opera di boicottaggio. Capitò perfino che, all'inizio dell'anno accademico, mi ritrovassi in aula senza uno studente, perché la data dell'inizio delle lezioni era stata spostata senza che io ne fossi informato. Un'altra volta, invece, arrivai al momento giusto ma non riuscii a ottenere un'aula (l'aula, infatti, a Palermo se la deve cercare il docente). Per cui persi una preziosa settimana di lezioni.

L'ufficio – uno stanzino poco più grande di quello della bidella, affacciato su un'umida intercapedine – mi fu assegnato al termine del secondo anno (un altro anno ancora sarebbe passato prima che ci trovassi il computer e un telefono), ma non si può dire che ne fossi il padrone. Era frequente che venisse occupato, senza il mio permesso, da un certo collega (uno degli uomini di Fecaloro) e che io fossi costretto a ritirarmi o ad aspettare che quello avesse finito di fare i suoi comodi. Delle mie proteste, inutile dirlo, quello se ne infischiava bellamente.

All'inizio fui coinvolto in varie sessioni di laurea. La cosa era più punitiva che altro, ma almeno mi sembrava di partecipare un pochino alla vita del dipartimento. A partire dal secondo anno venni escluso pure da quelle, senza spiegazione. Semplicemente a un certo punto constatai che il mio nome non figurava più in nessuna commissione di laurea. Qualcuno si lasciò sfuggire che Fecaloro si era lamentato della mia cattiva abitudine di far abbassare i voti.

Fecaloro, al quale mi sentivo di dover chiedere informazioni e spiegazioni, era irreperibile. I suoi numeri di telefono e di cellulare me li aveva dati. Ma non succedeva mai che rispondesse a una mia chiamata. Insomma, l'ho detto: io non c'ero; o meglio, c'ero, ma ero invisibile. E, invisibile, guardavo la scena, come il *defunctus* in una delle *Intercoenales* di Leon Battista Alberti. Davanti a me si dispiegava la più boriosa pantomima di facce e pose, tutte perversamente deformate dall'ostinata volontà di escludermi. Colleghi e colleghe, se posso usare questi termini, sembravano esagerare i saluti che si scambiavano tra loro solo per sottolineare al massimo la mia estraneità. Il gusto dei palermitani per la messinscena e la cerimonia, sotto i miei occhi, si esprimeva con compiacimento sommo. Ognuno recitava un pezzo di bravura, un numero di monumentale, barocca superbia, che sarebbe riduttivo considerare solo una manifestazione di malignità o di provincialismo. Io, per fortuna, ne ridevo. Credo che, all'inizio, adottarono quel comportamento offensivo anche nei confronti della Rosi. Ma lei non ha il mio carattere. Lei, anziché ridere dei malevoli, si consegnava loro. E, alla fine, umiliazione dopo umiliazione, era riuscita a ottenere i saluti della maggior parte dei colleghi e pure a stringere qualche amicizia all'interno del dipartimento.

Gli unici che mi salutavano erano i pochi amici di Corona. Loro odiavano Fecaloro e la sua direzione. I nemici di Fecaloro, proprio in quel periodo, migrarono in massa alla Facoltà di Lettere. Io stesso partecipai alla riunione di dipartimento in cui i secessionisti, capeggiati dalla professoressa Perrotta (di russo) e dalla professoressa Muschio (di albanese), lessero le ragioni del loro ormai irrimediabile dissenso. In breve, a Fecaloro venivano rimproverate tutta una serie di mancanze e, soprattutto, la prepotenza con cui dirigeva il dipartimento. Di quel lungo *j'accuse*, che nelle orecchie mi versò veleno e nel cuore un sacco di risate, non sarei in grado di comunicare neppure con la più calcolata delle simulazioni la bizzarra, pagliaccesca forza. Per cui, a malincuore, sorvolo, e rimpiango di non averne chiesto una copia, a suo tempo, alla Perrotta o alla Muschio, alle quali forse non dispiacerebbe di ritrovarlo riprodotto in queste pagine.

La Muschio, alla fine della riunione, mi venne vicino e mi invitò a bere un caffè. Scoprii, allora, che aveva per me un debole, perché le piacevano gli articoli che pubblicavo su "Poesia". Aveva letto anche i miei libri. Cercò di persuadermi a seguire lei e gli altri alla Facoltà di Lettere, ma io le dissi che non avevo voglia di presentarmi un'altra volta (chissà che cosa sarebbe stato di me se l'avessi ascoltata!).

Alcuni coroniani, però, rimasero, forse per contrastare il crescente potere di Fecaloro. Immagino che, all'inizio, vedessero in me un alleato sicuro. Uno di loro (che sarebbe diventato professore di lì a qualche mese) mi invitò a prendere il caffè. Tutto sorrisi e carezze, mi esortò a far domanda per diventare il titolare della materia che insegnavo. Infatti, anche se ero solo ricercatore, avevo più diritto io a far da titolare che non Fecaloro, il quale non era comparatista ma germanista e per il momento occupava la cattedra di Letteratura comparata solo come supplente. Una volta titolare, non avrei più dovuto rendere conto a Fecaloro. Anzi, lui avrebbe dovuto rendere conto a me. Ci pensai su mezzo minuto e dissi che non intendevo pestare i piedi a nessuno. Da quel momento fui per loro come un fantasma.

La partenza

...*mortalia enim varia*

GIROLAMO CARDANO

Nonostante la scoraggiante accoglienza di Fecaloro, non vedevo l'ora di cominciare. Sarei anche rimasto a Palermo senza far niente, ma seguii il buon senso e me ne tornai a Milano, dove attesi che Fecaloro fissasse le date del prossimo appello.

I miei furono molto contenti di rivedermi tanto presto.

Tornai a Palermo, prima di Natale, due volte. Fecaloro voleva ricompensare la sua protetta con un cosiddetto assegno di ricerca. Con un'email mi ordinò di partecipare al consiglio di dipartimento in cui si sarebbe votato. Anche se mi costava tempo e parecchi soldi (il volo e due notti al Magic), ero contento di andare a dare quel voto. Io a Fecaloro non dovevo niente, ma mi faceva piacere cooperare. Così avrebbe capito che io non ero affatto un "problema", come mi aveva definito.

Il consiglio si riunì con il solito ritardo di un'ora. Fecaloro, che lo presiedeva, lesse i nomi dei candidati e ricordò ai presenti che potevano votare solo ordinari e associati. I ricercatori no. Non credevo alle mie orecchie. Ma, purtroppo, avevo capito bene. Quell'uomo mi aveva fatto scendere lì per niente! Assistetti al voto in silenzio, più confuso che arrabbiato. La Molina ottenne la stragrande maggioranza dei voti. Della mia presenza non ci sarebbe stato comunque bisogno.

Dissi alla Rosi quello che Fecaloro mi aveva combinato. Ero convinto che lei mi avrebbe espresso un po' di solidarietà. Invece, si rifiutò di ammettere che Fecaloro avesse inteso farmi un dispetto.

"Ti sarai sbagliato. Non è possibile che Fecaloro ti abbia detto una cosa del genere. I ricercatori, quando c'è da assegnare borse di studio, non votano. Io lo sapevo che non dovevo votare."

Il giorno dopo, a Milano, tornai a leggere la email di Fecaloro. Non mi ero sbagliato affatto. Mi chiedeva in maniera esplicita di scendere a dare il mio voto alla Molina.

La seconda volta ci andai per gli esami. C'era un centinaio di iscritti, che si accalcavano nello stretto corridoio e su per le scale. La Rosi fece l'appello, urlando per sovrastare il chiasso. La voce non le mancava. Solo tre o quattro non si presentarono. Dividemmo gli iscritti in due tornate e cominciammo. Fecaloro, assistito da una muta Molina, interrogava sul corso monografico, tre persone alla volta per fare prima. Io e la Rosi, insieme, interrogavamo sulla parte istituzionale. Ogni tanto lasciavo la Rosi da sola e mi spostavo al tavolo di Fecaloro. L'unica pratica che avessi degli esami universitari risaliva ai miei tempi di studente. Un esame, per me, era qualcosa di serio, una prova difficile, perfino paurosa, con cui mostrare non solo quel che si sapeva ma anche esibire virtù come la chiarezza e la precisione. Gli esami a Palermo erano una fiera dell'ignoranza e dell'incapacità linguistica; il rito dell'interrogazione una parodia (mi viene in mente l'espressione favorita della zitellona dei *Viceré*, "una farsa tutta da ridere"). Fecaloro si impegnava a sfoggiare i panni del professore severo, urlava "Ma ca sai sciama?" a ogni studentessa (infatti, erano quasi tutte ragazze), sproloquiava per dei quarti d'ora sulla differenza tra Realismo e Verismo, e poi concludeva l'esame con un trenta, o un ventotto quando l'iscritta era proprio da bocciare. Anche la Rosi era di manica larga, e non bocciava nessuno, ma lei, dopo mille giustificazioni, dopo essersi quasi prosternata ai piedi di una che era la regina degli asini, la vidi dare anche un ventisei. Io avrei bocciato tutti, molti già solo per gli errori di grammatica e per la maleducazione. Una, in effetti, riuscii a bocciarla. Non aveva preparato gran parte del programma. La faccia tosta di quella ragazza – una piccoletta dal piglio nervoso, truccata come un vecchio manichino – era imbattibile. Quando, per favorirla, le chiesi di parlare di *Libertà* di Verga, disse che non aveva letto neanche "questo romanzo". "Però," aggiunse, "se vuole gli do un'occhiata adesso." Un'altra, alla quale stavo per scrivere un venti sul libretto, cominciò a piagnucolare: "Professore, la prego; le parlo come una sorella...". E, con una faccia da madonna addolorata, tentava di prendermi le mani, perché la sua supplica mi entrasse nell'anima attraverso i pori della pelle. Alcune studentesse si presentavano con i genitori. Un padre, ritenendo che avessi messo la figlia in difficoltà, finito l'esame (che, comunque, secondo i miei criteri, non era andato male), mi si avvicinò e, mentre la figlia, con i lucciconi agli occhi, raccoglieva i libri, mi urlò, con tono di minaccia: "Le auguro buon anno, professore!".

Intorno alla metà di gennaio tornai a Palermo per restare. Questa volta scelsi la nave. Mi portai dietro la macchina, la mia amata Alfa 33. Che bel viaggio fu quello! Il tempo era già tiepido. Passai gran parte della traversata a rileggere l'*Orlando furioso*, disteso al sole.

Abitai nel monolocale di Giuseppe solo un'altra settimana. Come ho detto, il prezzo era assai conveniente, ma mi era venuta voglia di abitare in città. La sera a Mondello non c'era niente da fare. I ristoranti e le pizzerie si contavano sulla punta delle dita; la piazzetta attirava cani randagi, vecchi ubriaconi e bambini scalmanati. In più in quella casa il cellulare non prendeva. Mi sentivo isolato. Lo ero. Così, cercai un appartamento nel centro storico, con l'aiuto dello stesso Giuseppe. Ne trovai uno, quasi subito, in via del Lauro, non lontano dai palazzi dell'antica aristocrazia e dalle mai rimosse rovine della guerra. La padrona era una gran dama, altera e sospettosa, che aspettava i soldi della Comunità europea per restaurare l'edificio (un palazzo del Seicento molto mal ridotto). Benché l'appartamento fosse gigantesco, l'affitto non era alto. Certo, venne a gravare in modo consistente sulle mie finanze. Già dovevo pagare l'affitto dell'appartamento milanese; e in più c'erano i viaggi. Se non fossero intervenuti i miei genitori, con i loro risparmi, non ce l'avrei fatta a tirare alla fine del mese. Mi consolava il pensiero che non ero l'unico in quella situazione. L'università italiana è fatta di numerosissime persone che lavorano in posti molto lontani da casa e perciò finiscono per spendere quasi tutto lo stipendio in viaggi – cosa che in genere non viene in mente a nessuno quando ci si mette a elencarne le magagne. Anch'io mi ero già dimenticato che un lavoro vero è quello che ti dà i soldi per vivere, non quello che ti costa soldi e ti lega di nuovo alla tua famiglia d'origine. Il mio diario di quel periodo brulica di riferimenti all'allarmante stato delle mie finanze.

Occupai la camera da letto più distante dall'ingresso, soleggiata e ampia, ma anche la più rumorosa, perché dava sulla strada, e a Palermo, in qualunque punto, tutti strillano e suonano il clacson, che serve non a segnalare il pericolo ma l'imminenza di una qualunque manovra (sostituisce perfino le frecce). Fin da piccolo sognavo di abitare in una casa enorme, piena di stanze. Ora l'avevo, ma nel giro di pochi giorni il mio vecchio sogno ritornò a essere un sogno. La grande casa era solo una triste realtà, umida, gelida, maleodorante. Non ho mai sofferto tanto freddo come a Palermo, in quei locali malconci. Il riscaldamento non esisteva. Il freddo si era accumulato di secolo in secolo, come nelle chiese. Dormivo vestito, avvolto in molte coperte di lana, e per farmi caldo ne avevo messa una anche sotto il materasso a mo' di isolante. In più, l'acqua scarseggiava. Il rifornimento idrico veniva tagliato per lunghe ore. E così l'elettricità, soprattutto la sera. Più di una volta mi toccò leggere il mio *Furioso* a lume di candela. La doccia, quando c'era, era un filo d'acqua, neanche sufficientemente caldo. Per averne una migliore mi iscrissi all'American Contourella. Altri soldi.

Passavo tutta la giornata al dipartimento. Siccome non avevo ancora un ufficio, me ne stavo ora in un'aula, ora in un'altra, a leggere e a scrivere. Traducevo qualche lettera di Erasmo. La segretaria del dipartimento, la signora Giaccone, aveva notato la mia strana assidua presenza (gli altri colleghi, a parte Fecaloro, venivano di rado). Mi studiava con due occhi spiritati e solo dopo qualche settimana si decise a fare un po' di conversazione. Mi domandò se mi trovassi bene lì. "Molto bene," risposi, ancora incapace di leggere la mia situazione per quello che era. La Giaccone mi confessò che lei in quel dipartimento si trovava malissimo. "Troppo lavoro." E mi mostrò i suoi registri. Era fiera di come li teneva aggiornati. Adesso si era anche messa a imparare l'uso del computer. Gli occhi azzurrissimi le scintillavano di una luce maligna, che esprimeva soddisfazione.

Accanto a quello della Giaccone c'era l'ufficio di un'altra segretaria, Olga Olé. La conobbi solo dopo un mese. Infatti, non veniva spesso. La Olé, una bella signora dai modi raffinati, che adorava Milano e i milanesi, era stata segretaria personale di Corona quando costui era preside di facoltà. Ormai era una sopravvissuta. Anche lei, come me, non aveva niente da fare. Pertanto passava al dipartimento pochissime ore, e sempre con l'aria di esserci capitata per caso. Mi fece una copia della chiave del suo angusto ufficetto e mi invitò a usare il suo computer. Mi prese in simpatia. Mi domandavo – cieco che ero! – perché. Di Corona era una grande estimatrice (in realtà, non era la sola donna a lasciarsi conquistare dal "carisma" di quell'uomo). Mi disse che, con un po' di pazienza, avrei ottenuto da lui qualunque cosa, anche il trasferimento a Milano.

"Inizia a chiederglielo," mi consigliò. "È meglio che cominci a pensarci da subito... Se non vuoi finire come la Rosi."

E mi raccontò che la Rosi stava tentando da tempo di andarsene di lì, ma che nessun dipartimento se la pigliava. Qui occorre spiegare che, da quando era passata l'autonomia universitaria, il trasferimento della persona non comportava il trasferimento del budget da cui derivava il suo stipendio; dunque, l'assunzione di un trasferito significava che l'università chiamante era costretta a trovare un nuovo budget, cosa non solo non facile, ma difficilissima, come avrei sperimentato io stesso. La Rosi, invece, a me raccontava che a Palermo si trovava molto bene e che per nulla al mondo se ne sarebbe andata. Evidentemente, le umiliazioni o le preoccupazioni della sua vita sceglieva di tenersele per sé, o comunque di non comunicarle a me. Fin da subito – questo era innegabile – la Rosi impedì in ogni modo che la mia situazione diventasse un termine di paragone della sua. Lei, in sostanza, non voleva parlar male di nessuno, né di Corona (al quale lei stessa doveva il fatto di essere lì) né di Fecaloro.

La Olé mi disse anche di guardarmi dalla Giaccone.

"Sta' attento. Quella è una strega."

Vivere a Palermo

C'était le jeudi.
GUSTAVE FLAUBERT

La domenica era il giorno peggiore della settimana, perché il dipartimento era chiuso, e a casa non resistevo per il freddo. Il cinema offriva un buon rifugio, ma a volte non mi restava nessun film da andare a vedere, perché li avevo già visti tutti nel corso della settimana. Una domenica mi ridussi a entrare in un cinema porno, attirato dal divertente titolo: *L'albero delle zoccole*.

Una buona alternativa al cinema era la Feltrinelli, dove comunque passavo molte ore anche gli altri giorni della settimana. Ci andavo alla fine del pomeriggio, quando lasciavo il dipartimento. Non c'era volta che non comprassi qualcosa. L'acquisto dei libri mi consolava. Diventai un buon cliente. Uno del personale, in particolare, si distingueva per garbo. Era un vero libraio. Concentrato al punto da sembrare distratto o preso da affari ben più importanti che la vendita di qualche pagina stampata, mi assisteva puntualmente con competenza, pur senza mai tradire alcuna consuetudine con me. La cortesia e la cordialità a Palermo non sono comuni. Se pure le buone maniere non mancano, Palermo è una città torva, ripiegata sulle sue tragedie. Nessuno ha voglia di mostrarsi amico di nessuno. Tutti sono sospettosi, cauti, chiusi in un ritegno fiero e dispettoso. Ti conoscono, ma fanno finta di non riconoscerti. Per esempio, al piccolo hotel Magic, dove sono sceso decine di volte, ogni volta mi veniva richiesto di fornire i miei dati e di mostrare un documento di identità. Io salutavo il portiere con l'affabilità che in genere si mostra verso le persone note. Ma lui no, neanche una parola. Era come se non mi avesse mai visto prima.

Quando non pioveva (infatti, è un mito che a Palermo splenda sempre il sole), prendevo l'autobus e andavo a Mondello, al mare. In quel momento dell'anno la spiaggia era deserta, e lo rimaneva fino all'inizio di maggio, quando le cabine spuntano come i funghi e nascondono la sabbia, fino alla battigia. Io mi sedevo su una panchina con un libro, dalla parte del porto, e aspettavo la sera. E se si metteva a piovere, per qualche minuto cercavo di non badarci.

Durante la settimana mangiavo, sia a pranzo sia a cena, al caffè della piazza o in qualche ristorante della zona. Pure lì non sono riuscito a entrare in confidenza con nessuno dei camerieri o con i padroni. Ogni tanto si univa a me la Rosi, quando non aveva niente di meglio da fare. Lei all'atteggiamento gelido, perfino odioso dei camerieri non badava. Faceva sempre finta che tutto andasse benissimo e che la gente, a Palermo, fosse la migliore del mondo. Eravamo in un posto quanto meno inusuale, sotto ogni punto di vista, ma non si doveva dire. Tutto era normale! Palermo era come Milano, o Roma, o Firenze. La Rosi detestava che si attribuissero ai posti e alle città caratteristiche particolari.

"Le persone sono uguali dappertutto," sosteneva con convinzione, come tutti quelli che hanno viaggiato poco o niente.

Si finiva per parlare di libri o di film; o – meglio ancora – degli attori dei quali la Rosi era innamorata. Mi confidò di tenere il poster di Michael Douglas sopra il suo letto, accanto al crocifisso. A volte andavamo al cinema. La Rosi, però, tendeva a passare la serata con alcune amiche palermitane, che a me non si decideva a presentare (e non le avrei mai conosciute). A casa sua, che era in un quartiere popolare non lontano dal dipartimento, non mi invitò mai. Capitava che, dopo il cinema o il ristorante, mi chiedesse, per paura di venire aggredita, di riaccompagnarla, ma non capitò una volta che la Rosi mi lasciasse proseguire oltre il tetro portone. Sapeva bene che non avevo mire su di lei, eppure, per evidente inesperienza, si comportava con la stessa cautela che se io fossi stato un rinomato dongiovanni o fossi stato io a volerla riaccompagnare.

Altre volte, per tirar tardi, andavo a prendere Giuseppe, che da qualche tempo lavorava come cassiere alla biglietteria del Teatro Massimo. Ci facevamo una birra (per fortuna i locali notturni non mancano a Palermo) e parlavamo della vita. Lui non aveva cambiato atteggiamento. Fumava più di prima e aveva sempre il muso. Lo vidi illuminarsi solo una volta, quando mi parlò della sua nonna greca, che ballava il sirtaki e nel vortice della danza travolgeva tutto, spaccando piatti e bicchieri.

"Vattene di qui," mi esortava.

E io:

"Ma se sono appena arrivato!".

Rientravo a casa il più tardi che potevo. Su quella strada solitaria e male illuminata, che rifletteva il giallo brutto dei lampioni, si sentiva solo il suono dei miei passi. A letto, sepolto sotto le coperte, incappucciato, pensavo che non potevo continuare così. Il mio diario di quei giorni è pieno di pensieri torvi. Voglio trascrivere il resoconto di un sogno che feci la notte del 15 marzo 2000:

Nella sala da pranzo di mia zia Annina [una sorella di mia madre, morta di leucemia una decina d'anni prima] una donna venne uccisa, fatta a pezzi e messa in una valigia. Io assistei a tutto questo. Poi, sorvegliai la valigia. Avevo il terrore che il cadavere potesse ribellarsi. Una domestica, ignara, venne a portar via la valigia. Io volevo aiutarla, ma lei non accettò il mio aiuto e sollevò la valigia, che nel frattempo era diventata trasparente. Del cadavere nessuna traccia riconoscibile. Le membra si erano dissolte in un liquame molto simile all'umore acqueo che buttano le ferite. E questo umore, per disattenzione della domestica, cominciò a gocciolare. D'un tratto la valigia si aprì e il liquido eruppe abbondantissimo, un fiume in piena, che schizzò la donna e dilagò per la discesa di fronte alla casa, coprendo di morte tutto il paesaggio. Avevamo ucciso non un essere umano ma il nostro stesso mondo! Ecco la vendetta del cadavere: si era compiuta alla luce del sole, non in casa. Che senso di disastro irrevocabile! Che totale assenza di alternative! E quella morte liquida, scorrevole, inarrestabile, fecondatrice mostrava tutta la nostra impotenza, la nostra materialità, la nostra idiotissima vita.

Ritorno a Mondello

Ma al piè de' gran palagi
Là il fimo alto fermenta
GIUSEPPE PARINI

Era arrivato il momento di cambiare casa. Del centro storico ne avevo abbastanza. Una mattina, pieno di buoni presentimenti, tornai a Mondello e battei il centro. Per mezzogiorno, allungata una mancia al portiere di un grande condominio di appartamentini residenziali che si distende sull'ultimo lembo del paese, di fronte al mare, avevo trovato quel che faceva al caso mio: un bilocale pulito e attrezzato, con un bel bagno e un impianto elettrico funzionante. Proprietario era un signore di Palermo, che venne di persona, il pomeriggio, a consegnarmi la chiave. Aveva, come si dice, un aspetto assai "distinto" e, nonostante l'età, conservava lineamenti fini e piacevoli. Subito mi disse che era sposato ed era già perfino nonno. Per compiacermi, credo, infarciva i suoi racconti di citazioni letterarie, prese soprattutto da Shakespeare.

"Qui starà bene, caro professore," mi diceva, lanciando occhiate languide e malinconiche in giro per il piccolo soggiorno. "Io ci sono stato tanto felice, fino a poco tempo fa," singhiozzò.

E siccome non mi decidevo a fargli domande, si aprì spontaneamente, con una certa aria di impazienza.

"A lei posso parlarne, professore," mi confidò in un orecchio, anche se là eravamo soli. "Lei è uno del Nord... *Devo* parlarne! Se non ne parlo con qualcuno finisce che mi scoppia il cuore dall'angoscia."

E, tra mille sospiri, spalancando a intervalli regolari gli occhi, mi raccontò che in quel pied-à-terre (come lo chiamava) era uso dare appuntamento a un suo giovane amante, un carabiniere di venticinque anni.

"Non pensi male di me, professore. Io amo quel ragazzo più delle mie figlie! Vedesse quanto è bello! Un dio, nudo o in uniforme... Ero arrivato al punto di non poter più vivere senza di lui. Una passione che non le dico! Ah, la giovinezza che scherzi può fare a un vecchio come me! Per questo, a sua insaputa, l'ho fatto trasferire. Non avevo scelta. Da una settimana è di servizio nella capitale. Ora mi maledico per questa decisione, che mi fa soffrire le pene dell'inferno, come se avessero tagliato anche a me mani e lingua (si ricorda del *Titus Andronicus*?), ma spero che con il tempo mi abituerò."

Quindi, ricomponendosi tutto in una volta, mi mostrò i rubinetti nuovi della cucina.

"Qui l'acqua non manca mai. Non è mica come il centro storico. Ah, dove finiremo? Be', arrivederci, professore. L'assegno, per favore, lo intesti a mia moglie. Magari ci vediamo una di queste sere al Massimo. Lei ama la musica classica? Io e mia moglie la adoriamo! Abbiamo l'abbonamento da quasi cinquant'anni!"

Lo salutai con una stretta di mano e rimasi sulla porta a guardarlo mentre, appoggiato al bastone, si allontanava nel lungo corridoio lustro. Non l'avrei più rivisto.

Dal suggestivo rudere di via del Lauro fuggii. Non avertii neppure la proprietaria. Non mi importava niente di perdere i soldi dei tre mesi anticipati. Quella perdita era il prezzo da pagare per la libertà riconquistata; un piccolo obolo propiziatorio. Mi chiusi la porta alle spalle e, sotto, spinsi la chiave, che andò a sbattere contro qualcosa con un tintinnio benaugurante. A Mondello mi ripromettevo di ritrovare la forma fisica che, da quando mi ero trasferito a Palermo, sentivo di non avere più.

Nella nuova sistemazione mi accompagnò la Olé (tanto, come ho già ricordato, non aveva mai nulla da fare). Quando seppe che stavo per traslocare, andò in fregola.

"Io vengo con te! Che scherziamo?"

Trasportò una parte del mio bagaglio dall'automobile all'appartamento e, dopo, mi invitò a bere un bicchiere di bianco sulla terrazza della Meschita, il celebre albergo di Mondello, che era dall'altra parte della strada.

Mondello non mi era mai parsa così bella. Gli alberi erano fioriti e per le vie si respirava un dolce profumo di gelsomino. Anche le due stanze che avevo preso in affitto, tappezzate di moquette e soffocanti com'erano, mi sembravano un paradiso a paragone dei fatiscenti saloni di via del Lauro. Dalle finestre di casa il mare non si vedeva, ma se ne sentiva l'odore. Vedevo, invece, alcune piante grasse e una parete di rampicanti, ai quali subito mi affezionai.

A Mondello la mia vita migliorò. Non solo la casa era comoda e confortevole, ma il paese stesso offriva diversi vantaggi. Il cibo, nei negozi, si vendeva a prezzi inferiori che a Palermo, ed era di ottima qualità. L'aria era salubre. Non c'erano l'inquinamento e il rumore che avevo trovato a Palermo.

La sera correvo sulla spiaggia o verso il faro.

Le domeniche smisero di essere un incubo. Adesso le passavo volentieri a casa, tra i libri, che occupavano ogni centimetro quadrato del piccolo soggiorno. Continuavo a tradurre Erasmo, ma, per puro divertimento, avevo cominciato a tradurre anche Emily Dickinson. L'antologia che composi e pubblicai l'anno dopo è un simbolo di quel periodo di confino.

A volte, la sera, andavo a fare un saluto alla mamma e al fratello di Giuseppe, ai margini opposti del paese. Mi accoglievano con un sacco di feste. E, se anche avevo già cenato, pretendevano che assaggiassi qualcosa di quello che avevano avanzato loro. Non era ammesso dir di no.

Ippolito

...il ne pouvait plaire, il était trop différent
STENDHAL

Dem Vater Fluch, der seine Söhne mordet!
ELIAS CANETTI

Al dipartimento andavo la mattina, con l'Alfa 33, tutti i giorni, tranne il sabato e la domenica. Scambiavo due parole con la Giaccone, ogni giorno più stravolta, e mi chiudevo nell'ufficio della Olé, se lei non c'era, o in qualche aula vuota, in attesa dell'ora di pranzo. Fecaloro mi evitava con cura. Con me non voleva avere nulla a che fare. Non era neppure curioso di vedere che tipo fossi. Credo che un po' temesse di trovarmi simpatico. Io, un giorno sì e un giorno no, mi affacciavo nel suo ufficio, ma lui si diceva impegnato e prometteva che mi avrebbe cercato prima di tornare a casa per il pranzo. Non mantenne una volta la parola.

La mia costanza, però, a un certo punto fu premiata. Fecaloro mi convocò nel suo ufficio e mi disse che, siccome Marta (cioè la Molina) aveva già abbastanza da fare (non ho mai capito che cosa), toccava a me occuparmi del seminario di Letteratura comparata. Fecaloro aveva bisogno di me, ma, in sostanza, non voleva che me ne accorgessi e scambiassi quella concessione per una resa. Invece, mi presentava la sua richiesta di insegnamento come un'imposizione o una punizione. Voleva che io, sentendo in una simile richiesta una dimostrazione del suo potere, mi riducessi a fare malvolentieri ciò che a chiunque sarebbe apparsa una cosa per me assolutamente desiderabile.

Mi chiese di tenere un seminario sulla fortuna di un qualche mito antico.

"Sei laureato in Lettere classiche, no?"

Anche quella constatazione era pronunciata in forma violenta, come mi fosse rinfacciata una colpa.

Scelsi di tenere un seminario sul mito di Ippolito. Da anni ho in mente di scrivere un libro su Ippolito. Quando vivevo in America, durante il periodo del dottorato, composi un ciclo di poesie in cui Ippolito, con il suo culto della castità, simboleggiava una giovinezza perfetta, immacolata, inattaccabile, un ideale che io, in lotta perenne con l'amore, mi sentivo ben lontano dal realizzare. Gli anni americani (e gli amori di quegli anni) erano finiti e ora al mito di Ippolito guardavo da una prospettiva diversa, forse quella più vicina all'interpretazione che lo stesso Euripide dà del mito. Intendo "mito" non solo nel senso antico. Ippolito è un mito anche nel senso in cui lo sono, ancor oggi, Antigone, Medea, Edipo, Giobbe, Don Chisciotte, Faust, Don Giovanni... Di Ippoliti è piena la nostra tradizione. Ma è vero che Ippolito non è mai riuscito a diventare un mito *moderno*. Nonostante le numerose riscritture della sua storia, Ippolito non è mai diventato un simbolo o un archetipo. La soverchiante storia di Fedra, forse, da sola è bastata a impedire a Ippolito di elevarsi a emblema. E, alla fine, un emblema di che cosa? Del misogino? A contrastarlo sorse il mito di Don Giovanni, che, per altro, tiene impegnati interpreti e psicologi anche su altre questioni cruciali. La devozione per la divinità avrebbe potuto fare di Ippolito un santo. Ma la verginità e la santità sono caratteristiche praticamente esclusive di Gesù Cristo, che si è accaparrato anche il ruolo della vittima ingiusta. Pure la resurrezione, che è una parte della storia di Ippolito (dopo essere stato squartato dai cavalli di Poseidone fu ricomposto nel Lazio con il nome di Virbio, secondo le testimonianze di Virgilio e di Ovidio), pure la resurrezione è roba di Cristo.

Il mito di Ippolito è fondamentale, ma è un mito che non piace, perché fa torto alla giovinezza, e la letteratura, almeno da cinque secoli, nonostante la realtà mostri il contrario, celebra le forze fresche dell'età più bella. Per questo pochi si sono lasciati conquistare da Ippolito, o hanno confezionato la sua vicenda sul letto procusteo del racconto incestuoso – la matrigna che desidera il figliastro e, essendo respinta da lui, lo calunnia e salva il proprio onore con il suicidio. Quella di Ippolito è la storia del figlio che soccombe al padre; il figlio *maledetto* dal padre. Mi pare che la sua versione novecentesca più insigne si trovi in un racconto di Kafka, *Das Urteil*, che ricalca quasi perfettamente l'ultima parte della fabula euripidea. A un simile mito, che, certo, offre un'immagine retriva e sconfortante, dunque inaccettabile di società, si contrappone quello di Edipo, cioè il mito del figlio che uccide il padre prima di essere ucciso da lui. E così, almeno dai tempi della Rivoluzione francese, siamo diventati tutti un po' edipici e siamo caduti nella disperata illusione del nuovo. In verità, un Ippolito dannato continua a gridare in ognuno di noi. E della sua voce abbiamo bisogno, perché nessun'altra storia, antica o moderna, racconta con altrettanta forza la guerra tra i figli e i padri, cioè la lotta tra ideale e politica, tra libertà e potere, e la minaccia sempre incombente delle maligne forze del passato. Ippolito soccombe non tanto per la calunnia della matrigna ma per una fede che suo padre non intende condividere, anzi intende combattere fino all'ultimo. La tragedia di Ippolito è la tragedia dell'adolescenza travolta dalla vecchiaia, dal vecchiume, dalla repressione e dal conservatorismo della retorica.

Al mondo della *polis* (cioè della politica), di cui Teseo è l'ideologo, Ippolito oppone una società libera, nata per aggregazione spontanea, non per discendenza biologica (ecco il valore simbolico della sua proterva castità). Ippolito si appella più al valore della sua condotta che alle parole. Lui stesso dice di non saper parlare in pubblico, riconoscendo la superiorità della sua morale e della sua vita a quella della città e dei potenti e negando la veridicità dei *kaloì logoi*, delle parole belle che nascondono una menzogna. L'attacco di Ippolito ai *kaloì logoi* è una critica scoperta dei demagogici parolai che infestano la pubblica assemblea e una contestazione della stessa sofistica di cui Fedra e Teseo, con le loro sottilizzazioni e le loro distinzioni, sono i rappresentanti. Fedra cede proprio alla tentazione delle belle parole, cioè del discorso falso, scrivendo la sua calunniosa lettera. La lontananza che la divide da Ippolito è quella che contrappone non tanto due diverse concezioni del sesso e dell'amore quanto due inconciliabili concezioni della lingua umana: per Fedra la parola è *logos*, per Ippolito ancora *mythos*. Il *logos* è linguaggio postumo, dunque inverificabile, *mezzo* per richiamare un'assenza o un'invenzione, voce cadaverica. Il fruitore del *logos*, come Fedra, ha una concezione utilitaristica del linguaggio, agisce attraverso il linguaggio, non nel linguaggio, simula una realtà che non è (o non è più), crea un "testo" dotato di esistenza autonoma. Per Ippolito, invece, il linguaggio non è affatto un "mezzo" per comunicare qualcosa, ma è verità in se stesso, la cosa e la parola insieme. Ippolito vive fuori dalla scrittura, e vive nel momento presente. Fedra, invece, è sempre in un dopo, che la morte non fa che rendere esplicito. Il suicidio è la rappresentazione più adatta della sua estraneità al contenuto della parola. La lettera e il cadavere di Fedra sono, in fondo, la stessa cosa, segni della falsificazione. E il vecchio – il padre! – permette che il falso travolga tutto, con suo stesso danno.

Sempre il problema

Il mondo in cui viviamo ci affatica, ci affligge e, quel che è peggio, ci annoia

UGO FOSCOLO

I ragazzi – un gruppetto di circa venti – partecipavano al mio seminario con passione. Di quegli incontri settimanali conservo un ricordo bellissimo. Erano le mie prime lezioni universitarie! Finalmente avevo cominciato.

Nonostante le citazioni in greco e in latino e la complessità dei concetti, gli studenti mi seguivano, prendevano appunti, ponevano interrogativi. Li sentivo tutti partecipi, benché pochi avessero fatto il liceo classico o anche solo un liceo. Alcuni (tre amici molto affiatati), che incontravo la sera, per caso, sulla spiaggia di Mondello, dove anche loro andavano a correre, mi dicevano quanto fossero contenti delle mie lezioni. Una volta mi domandarono se sarei rimasto o invece non fossi solo di passaggio.

"Rimarrò," mi sentii dire, notando con un certo *étonnement* (per citare la parola più cara a Stendhal) che la mia assunzione non era stata ancora resa pubblica tra gli studenti.

Ancora oggi, dopo tanti anni, ragazzi e ragazze che seguirono il mio seminario su Ippolito mi mandano, per posta elettronica, saluti e ringraziamenti. L'ultima mi ha scritto proprio l'altro ieri. Io leggo con piacere questi messaggi, e li conservo perché sono l'unica testimonianza che ho di non aver buttato completamente il mio tempo a Palermo.

L'oggettivo successo delle mie lezioni offrì a Fecaloro una ragione di più per considerarmi un "problema", come mi aveva definito la prima volta che mi vide. I consensi mi rendevano pericoloso. Di quel passo la verità sarebbe stata sotto gli occhi di tutti: che io non avevo vinto a torto il concorso e che il dipartimento traeva beneficio dalla mia opera.

L'anno dopo, per risolvere almeno in parte il "problema", il professor Fecaloro ridusse il mio seminario alla metà delle ore; e l'anno dopo ancora, il terzo, mi spedì una lettera durissima con cui mi ordinava di eliminare dal mio programma la lettura di due romanzi, *Madame Bovary* e *Portrait of a Lady* (doveva essere un seminario sul romanzo moderno, secondo quanto già avevo concordato con lui); e minacciava di denunciarmi alla preside di facoltà e alle autorità competenti. Io, che ancora ignoravo che Fecaloro era amico personale della preside, cercai immediatamente l'appoggio di lei, riferendole quello che Fecaloro pretendeva da me. La preside buttò acqua sul fuoco (lei, tanto, aveva già in mente che fine mi aspettasse). A lui, invece, scrissi che obbedivo ma che trovavo la sua richiesta ingiusta e arrogante. La mia risposta lo mandò su tutte le furie. Mi ordinò, dandomi per la prima volta del lei, di andare subito nel suo ufficio e di presentargli scuse formali (la cosa buffa è che questo scambio avveniva per posta elettronica, quando sarebbe bastato, visto che eravamo tutti e due al dipartimento, che ci parlassimo di persona). Passando a mia volta al lei, gli scrissi che il mio impegno professionale non meritava di essere rimproverato e che la sua ira era del tutto ingiustificata. Ovviamente mi guardai bene dal presentarmi nel suo ufficio. Ero già stato insultato a sufficienza. Mi imbattei in lui qualche mattina dopo in piazza Florio, mentre stava salendo sulla Vespa con la Molina. Non riuscii a evitarlo. Lui, con finta cordialità, mi chiese cosa mi fosse saltato in mente. Gli ripetei che mi ero sentito accusato ingiustamente e gli confermai che i due romanzi incriminati non erano più nel programma del mio seminario. Ci stringemmo la mano e tutto tornò come prima – cioè, dall'anno successivo, il quarto, non avrei più avuto nessun seminario da insegnare.

Il bisogno di soldi

Che davvero la proverbiale insipienza dei letterati non sia nella maggior parte dei casi se non ignoranza e mancanza di esperienza diretta?

Tommaso Landolfi

La dea Fortuna, a un certo punto, si divertì a mettere sul mio cammino un certo avvocato Radicchi. Io non lo avevo mai né visto né sentito, ma lui mi conosceva attraverso gli articoli che pubblicavo su "Poesia". Per mezzo di una formalissima e complimentosissima lettera, che con sapiente vaghezza mi informava del suo "commosso amore per tutte le nove Muse", mi chiese di incontrarlo al più presto. Intendeva parlarmi di "una certa impresa" ed era sicuro che io fossi il più adatto a permetterne la realizzazione. Acconsentii solo perché la lettera si concludeva con una promessa di adeguati compensi. Come ho già ricordato, da quando avevo preso servizio a Palermo, la mia situazione finanziaria era andata precipitando di giorno in giorno e io sentivo sempre più urgente il bisogno di risollevarla.

Ci demmo appuntamento a Milano, una domenica di maggio. L'avvocato salì apposta da Firenze. Io mi trovavo a Milano per far visita ai miei genitori. In un caffè del centro incontrai un uomo malamente anziano, zoppo e sordo, ma elegante nel vestire e forbito nel linguaggio. I modi, nell'insieme, odoravano di trite smancerie, ma per la sua gentilezza mi rassegnai ad ascoltare il vecchio Radicchi con santa pazienza. Scoprii che dirigeva un Centro di poesia, che aveva sede su uno dei colli fiorentini ed era finanziato con soldi del comune e di alcuni enti bancari toscani. Aveva portato con sé un album di fotografie e io non potei non ammirare la bellezza e la raffinatezza del luogo. All'avvocato, evidentemente, i soldi non mancavano, e neppure l'ambizione. Voleva, infatti, che il centro diventasse un "polo di cultura internazionale", una "gemma nel diadema dei colli" e un "bene dell'umanità". Qui entravo in scena io. L'avvocato da me si aspettava che gli organizzassi letture di poesia con i più grandi nomi stranieri. E, storpiandoli toscanamente, snocciolò i nomi di alcuni Nobel.

"Ci provo da anni, ma io da solo non ce la fo. Ho bisogno di una mano. Lo vedi come mi sono ridotto... Ho già chiesto ad altri..."

E mi disse chi – un paio di noti poeti italiani, pure loro di Milano.

"Be', non ci crederai. Questi signori che pubblicano di qua e di là e si credono chissà chi non sanno spiccicare una parola di francese! E poi sono ottusi, meschini, ignoranti! Non sanno pensare in grande. Come si dice in inglese? *Think big*... Perdona l'accento, l'inglese non è una lingua che in casa si praticasse granché... Sai che G. non conosce nemmeno i poeti dell'*Antologia Palatina*? Roba da grulli, vien via! Tu l'inglese lo parlerai come uno di madrelingua... O l'americano? Perché tu hai vissuto tanto a New York, no? E c'è differenza tra l'inglese e l'americano... Immagino che ci sia la stessa differenza che corre tra fiorentino e milanese. Non offenderti, ma l'accento di Firenze non ha pari. Io sono grato a nostro Signore per avermi dato il privilegio di nascere nella terra di Dante. 'Nel mezzo del cammin di nostra vita / mi ritrovai per una selva oscura / che la diritta via l'era smarrita...' Solo un fiorentino può dirli correttamente questi versi. Così come solo un toscano può capire Boccaccio. Noi ce li abbiamo nel sangue, i nostri autori. Il sangue è tutto, caro Nicola; è l'unica cosa che non si può migliorare!"

Si infervorava, spalancava gli occhi per l'entusiasmo...

"Non devi darmi ora una risposta. Vieni prima al Centro. Vieni... Ma presto, presto! Quando puoi venire? Quando?"

Mi prese le mani. Confuso, balbettai che non sapevo... che dipendeva dal calendario delle mie lezioni...

"Parleremo anche di soldi, non ti preoccupare. Ma non ora. Al Centro. Vieni al Centro. Ti pago il viaggio, ovviamente. E voglio che resti il più a lungo possibile, anche un mese, se ti garba."

Dissi che sarei andato alla fine della settimana seguente e sarei rimasto un paio di notti.

"Mi accontento, per iniziare," concesse, come un buon nonno. "Allora, ti aspetto."

E mi strinse più forte le mani nelle sue. Mi fissò negli occhi e, con la voce impastata, dichiarò:

"Ti voglio già bene...".

Ero a disagio, ma non mi tirai indietro. L'avvocato Radicchi, in fondo, era solo uno dei tanti che molestano le nostre giornate, più o meno visibilmente, ma almeno lui mi chiedeva di lavorare per una buona causa e assicurava che ci sarebbe stato un compenso. Il venerdì successivo arrivavo, da Palermo, a Firenze. Nel corso della settimana avevo abbozzato un paio di progetti e pensato a chi invitare eventualmente al Centro di poesia dell'avvocato Radicchi. All'aeroporto venne a prendermi l'autista del Centro, un ragazzo albanese, Ismael, che mi trattava con imbarazzante per quanto maldestra ossequiosità. Gli dissi di darmi del tu e di chiamarmi per nome. E gli feci domande sulla sua vita. In un discreto italiano, mi spiegò che era arrivato a Firenze da tre mesi e che era al servizio dell'avvocato da un mese soltanto. Con un po' di fortuna, grazie all'avvocato, avrebbe ottenuto il permesso di soggiorno e avrebbe potuto chiamare in Italia anche la moglie.

In automobile (una vecchia Mercedes nera) percorrevamo alcune delle tipiche stradine che si diramano per i colli fiorentini come un sistema sanguigno, incassate tra vecchi muri di pietra. Il tempo era grigio e minacciava pioggia. La Mercedes, finalmente, dopo un'infinità di svolte disorientanti, arrivò a un cancello nero. Ismael lo aprì con un telecomando e andò a parcheggiare in fondo a un vialetto di ghiaia, sotto una tettoia. L'avvocato ci stava aspettando sulla porta.

"Eccoti, caro Nicola. Hai fatto buon viaggio?" mi domandò, allargando le braccia per accogliermi. Riuscii a sfuggire al suo abbraccio con un piccolo espediente, cioè non avvicinandomi a lui prima di essermi voltato in direzione di Ismael e aver intessuto un panegirico delle sue doti automobilistiche. Questa operazione durò pochi secondi, sufficienti però a stancare le braccia del vecchio, che, secondo le mie previsioni, crollarono a dovere, come stroncate da una forza divina. A quel punto mi avvicinai e gli strinsi la mano.

"Suvvia, entra! Che abbiamo parecchio da fare..."

Mi ritrovai in una prima stanza, le cui pareti erano interamente coperte di volumi bianchi.

"Questo è l'archivio," mi spiegò. "Tutti i miei libri."

Credendo di non aver capito, volli accertarmi dell'errore con l'autopsia. Portai gli occhi sulla costola di alcuni volumi e cosa ci lessi sopra? Ermenegildo Radicchi, il nome dell'avvocato. No, purtroppo non avevo capito male. Il possessivo "miei" non indicava semplicemente proprietà materiale: l'avvocato era autore! Non solo: l'avvocato pubblicava! E lì, come nell'antro di qualche favoloso ladrone, erano raccolti, in migliaia di copie, i tesori del suo ingegno: *Via con le rose e altri versi*, *Il vascello del pensiero e altri versi*, *Notte di tenebre e altri versi*, *Canzoni di un sognatore e altri versi*, etc. etc. L'editore non era specificato, perché mancava. La fattura dei volumi, tuttavia, non era spregevole; nemmeno la qualità della carta. Il tipografo, insomma, un po' se n'intendeva. Non osavo immaginare quanto tutto ciò costasse.

"Mi pari stupito, Nicola. Lo capisco. Anch'io a volte domando a me stesso: come ce l'ho fatta? Tanto più che, fino a pochi anni fa, passavo gran parte della giornata in tribunale! Ho pubblicato ben quindici raccolte di versi, caro Nicola. Quindici! Montale, che era Montale, con sei vinse il Nobel." Un ghigno malevolo gli passò sulla faccia, che esprimeva soddisfazione e frustrazione, rivalsa e ansia in una volta. "Andiamo, vieni di là, ti voglio far vedere il Centro..."

Passammo in un corridoio, che ci condusse in un grande salone, affacciato su un giardino.

"Silvana!" gridò l'avvocato con una voce isterica che non gli avevo ancora sentito. "SILVANA!!!"

Nessuno rispose. L'avvocato, claudicando in modo ancora più evidente, arrivò a un pulsante e lo premette con forza. Poco dopo, annunciata da un allegro rumore di tacchi, comparve una signora.

"Avvocato, mi voleva?"

L'avvocato lanciava fulmini dagli occhi, ma riuscì a dominarsi.

"Silvana, le presento il dottor Nicola Gardini."

Silvana solo a quel punto posò gli occhi su di me, come se prima che l'avvocato rendesse ufficiale la mia presenza lei non avesse l'autorizzazione di farlo.

"Piacere," disse con un sorriso.

"Piacere," risposi, senza osare muovere un passo verso di lei.

"Silvana, ha preparato il materiale?" domandò l'avvocato.

"Sì, avvocato. È sul tavolo rosso."

"La mattinata com'è andata?"

"Bene, avvocato. Ho spedito ogni cosa per fax. Ora stiamo a vedere."

"Mi porti la copia della poesia di stamattina," ordinò l'avvocato.

Silvana si ritirò e tornò quasi subito con un foglio. L'avvocato glielo strappò di mano e lo visionò.

"Mi sembra che vada."

Lo restituì alla donna senza aggiungere altro.

"È molto bella, avvocato," sussurrò lei.

"Son dieci anni, Nicola," mi raccontò l'avvocato, "che compongo una poesia ogni mattina, la faccio battere dalla segretaria e spedire al 'Corriere della Sera' e agli altri principali quotidiani del paese. Ti pare che ci sia mai stato un quotidiano, dico un solo quotidiano, che si sia degnato di pubblicarmi? È una vergogna. E nessuno che mi abbia mai dato una spiegazione. La qui presente Silvana non fa che spedire lettere interrogative, e sempre in tono gentile, ai capiredattori, macché... Quelli mica rispondono! Che maniere! Io, però, non smetto. Ah, no! Ormai mi sono rassegnato. Scrivere ai giornali è parte del lavoro..."

Con un segno brusco congedò la segretaria e mi chiese di seguirlo.

Il tavolo rosso era un lungo, bellissimo tavolo, collocato davanti al finestrone, attraverso il quale si rifletteva, sul vetro color rubino, il fogliame di cespugli di alloro e un pezzo di cielo.

"Sediamoci qui," mi invitò l'avvocato. "Al pranzo manca un poco."

All'estremità del tavolo torreggiava una pila di volumi, i quindici libri dell'avvocato. Con una spinta decisa li spostò tutti verso di me.

"Prendi e portali in camera tua," mi disse. "Ismael ti accompagnerà... Vediamo. Hai una mezz'ora per fartene un'idea. Ti basta mezz'ora? Ma sì, altro che. Uno come te il valore delle belle cose sa valutarlo in meno di un secondo. Ismael!"

Tentai di prendere tempo.

"Non vogliamo," proposi timidamente, "non vogliamo discutere i progetti cui ho pensato... Sarebbe bello invitare..."

"Progetti?!" mi interruppe confuso l'avvocato. "Ah, sì, certo... I progetti... Per quelli abbiamo tutto il tempo. Ora va'... E... buon lavoro!"

Ismael aspettava fermo davanti al tavolo, sull'attenti.

"Ismael, porta il dottor Gardini nella sua camera."

Ismael fece un inchino e aspettò che io mi alzassi. Mi riempii le braccia di tutta quella carta e seguii Ismael nella mia stanza, che si trovava in un'ala secondaria del Centro, non lontano dal cosiddetto archivio.

Buttai i libri in un angolo e mi schiantai sul letto. La stanza prese a ruotarmi intorno, il fiato mi lasciò i polmoni... Ero caduto nelle mani di un fanatico! Mi ero chiuso in una prigione! E, quando mi resi conto che il mio cellulare lì non prendeva, sfiorai l'infarto. Mi lanciai, disperato, sul telefono. Funzionava! Corsi alla finestra. Si apriva! A poco a poco recuperai la calma. Mi dicevo, risalendo dall'abisso

in cui ero precipitato, che il vecchio sarebbe presto tornato a casa, alla fine del pomeriggio, e io la mattina dopo sarei ripartito. Ah, lì una seconda notte non l'avrei passata di
certo, neanche se l'avvocato mi avesse coperto d'oro! E di
colpo, appena aperta la prima pagina di *Via con le rose e altri versi*, l'irreparabile cedette il campo all'irrefrenabile, e la
ragione mi restituì, come avviene, la facoltà del comico. Là
dove prima mi ero sentito assalire da fremiti di terrore ora
montava, altrettanto potente, il riso. Ridevo, sì, ridevo a crepapelle. E, per coprire le risa, tossivo. Poeti cattivi o pessi-
mi ne avevo letti un'infinità. Nessuno, però, aveva mai ab-
binato la bruttezza al fasto dell'apparato in cui avevo avuto la ventura di capitare. Il Centro di poesia, con il suo autista, la sua segretaria, le sue centinaia di metri quadri e il
suo parco, con le sue ingenti riserve di denaro pubblico, durava per promuovere nient'altro che l'opera illeggibile di
Ermenegildo Radicchi! Ecco chi era l'avvocato: un mega-
lomane.

All'una in punto il telefono della stanza suonò. L'avvocato
mi disse che l'aperitivo era servito.

Ritrovai la strada con qualche difficoltà, ma alla fine arrivai. L'avvocato mi aspettava al solito tavolo rosso, su cui
era apparecchiato un piccolo aperitivo.

"Un goccio di prosecco?" propose.

Accettai, benché il vino bianco mi dia immancabilmente
il mal di testa.

"Per me, invece, un succo di pomodoro. Col mio diabe-
te certe cose non me le posso più permettere da anni."

Brindammo.

"Allora?" mi domandò l'avvocato, gongolante. "Hai letto? Che mi dici? Dimmi tutto – quello che ti è garbato, ma
anche quello che non ti è garbato, se c'è. Io a quelli che
fanno solo elogi non credo. Baggianate!... La poesia ama
la verità!"

Le budella mi si torcevano.

"Be', c'è molto sentimento..." iniziai.

"Ah, quello non mi manca no! Mi fa piacere che lo sot-
tolinei. La poesia è sentimento, che altro? Ascolta: 'Una lu-

ce trabocca / vola come farfalla al vento / e invade l'anima e i ricordi / È la vita: non sprecarla, / figlio della tenebra!'. Questa l'ho composta stamane. Che te ne pare? Eh?... Silvana! SILVANA!!!"

Silvana accorse, angosciata.

"Silvana, portami immediatamente la cartelletta n. 37."

"Va bene, avvocato."

"Voglio mostrarti," riprese l'avvocato, rivolto a me, "una certa poesia, che dietro ci ha Pound. Mi piacerebbe che tu la traducessi in inglese. Alcune cose le ho già fatte tradurre da mia figlia, ma, porina, non ha più tempo. Ormai ha due figlioli, un marito... E che marito, lasciamo perdere... E poi tu hai molti contatti con editori importanti, in America, magari anche in Francia... Il francese lo sai bene? Ma dov'è finita quella somara? SILVANA!!!"

Si attaccò al campanello, non quello di prima, un altro, che stava nascosto sotto il bordo del tavolo. Silvana comparve con la faccia terrorizzata.

"Avvocato, mi spiace, ma la cartelletta n. 37 non è al suo posto."

"Come?! Tu vuoi che ti prenda a ceffoni! Torna e cerca. Cose dell'altro mondo! Corri!"

Vidi profilarsi un'occasione.

"Avvocato..." mormorai.

Ma l'avvocato, sordo com'era, non sentì.

"Avvocato," urlai, "potrei dare una mano alla signora Silvana, se crede..."

La più feroce indignazione si dipinse sul volto già scomposto dell'avvocato.

"Prima di tutto, Silvana non è 'la signora Silvana'; secondo, Silvana è pagata per lavorare... Se non è capace, quella è la porta. Non è certo la prima alla quale io abbia commesso l'errore di far del bene. Né sarà l'ultima."

Ismael annunciò che il pranzo era servito.

"SILVANA!!!"

Silvana ricomparve, senza cartelletta.

"Venga a mangiare. Continuerà le ricerche dopo."

Ci trasferimmo tutti al piano di sopra, dove era la sala

da pranzo, io, l'avvocato, Silvana, Ismael e la cuoca, che non avevo ancora visto. L'avvocato, monarca progressista, voleva che i sottoposti condividessero la mensa con lui e i suoi ospiti. La cuoca, prima del pranzo, denudò il braccio sinistro dell'avvocato e lì, davanti a tutti, gli iniettò la dose necessaria di insulina.

Nessuno, durante il pranzo, aprì bocca a parte l'avvocato, il quale tenne una concione sulla poesia, specialmente la propria, che qui non è il caso di rievocare. Esisteva tutta un'aneddotica sulla sua attività letteraria, che Silvana e la cuoca dimostravano di conoscere, da come lo guardavano, anche troppo bene. Evidentemente l'avvocato non faceva che rimettere su lo stesso vecchio disco: quella volta che Quasimodo gli strinse la mano, quell'altra che Ungaretti gli disse "Ermenegildo, sei il più grande della tua generazione", e il viaggio in auto con Luzi, la gita in barca con Parronchi, la lettera di Gatto... L'avvocato parlò anche di viaggi.

"Anch'io sono stato a New York, con mia moglie. Una città verticale! Città difficile, ma affascinante..."

E parlò di una città che io non avevo mai visto, che esisteva solo nella sua storia e da lì non usciva, fatta di alberghi, ristoranti turistici, cibi terribili...

"Ti piace questa pappa al pomodoro, Nicola? A New York una cosa così te la sogni. La nostra Marcella di poesia saprà anche poco, ma una pappa al pomodoro come la fa lei l'è da Nobel! Eh, Marcella? Lo sai tu cos'è il Nobel? E tu Ismael? Oh bella! Ho trovato una rima!"

Il pranzo, per fortuna, finì abbastanza rapidamente. I sottoposti, come brave bestie, si ritirarono nei loro covili; io e l'avvocato ci salutammo davanti alla porta del corridoio.

"Nicola, ora vado un po' sul letto. Toglietemi tutto, ma lasciatemi il mio pisolino. Che ti devo dire? Mi ritempra! Ci rivediamo al tavolo rosso per le cinque e riprendiamo il nostro discorso. Va bene? Intanto, tu scegli un po' di poesie da tradurre in inglese..."

Ritornando verso la mia camera, mi imbattei in Ismael.

"Ismael," gli dissi a bassa voce, "l'avvocato quand'è che va a casa?"

Ismael mi sorrise, divertito e incredulo.

"Dottor Nicola, che cosa dici? L'avvocato abita qui! È questa la sua casa."

E mi lasciò impietrito davanti alla mia porta.

La noia e lo sdegno lottarono in me per il primato. Prevalse lo sdegno. Non pensavo più neanche all'inganno di cui ero vittima. Pure la casa si faceva pagare dai fiorentini! Io con lui non volevo avere nulla a che spartire. Fui perfino tentato di cacciarmi due dita in gola per vomitare il pranzo che mi aveva offerto.

Uscii in giardino e cercai Ismael. Lo trovai, sul retro, che lucidava la macchina.

"Ismael..." Non riuscivo a parlare. "Ismael, ti prego, portami via di qui. Portami alla stazione."

Ismael mi guardava esterrefatto.

"Perché? È successo qualcosa?"

"No, niente."

L'inconsapevolezza di quel ragazzo albanese mi apparve un altro crimine di Radicchi.

"Dottor Nicola, adesso non posso. L'avvocato dorme."

"Non importa. Glielo dici dopo, che sono partito."

Ismael si irrigidì.

"Mi dispiace. Io faccio solo quello che l'avvocato mi ordina."

Lasciai perdere. Tornai in camera e prenotai un taxi.

Una volta a Milano, scrissi una lettera durissima all'avvocato. Lo rimproverai di megalomania e di disonestà. Gli dissi che la sua ipocrisia mi faceva schifo, che i suoi modi mi facevano schifo... Che trattava gli altri come esseri inferiori e li dominava con la propria ricchezza... L'avvocato mi rispose molto presto con un'email (sicuramente dettata alla povera Silvana, o alla sua sostituta). Non prese assolutamente in considerazione i miei insulti. Si disse solo molto dispiaciuto della mia improvvisa partenza e mi chiese quanti soldi volessi per accettare l'incarico.

Per molti mesi, successivamente, la mia casella di posta elettronica fu tempestata dagli allegati dell'avvocato Radicchi, che cancellavo prima ancora di averli letti. Una volta, però, colpito dal titolo, uno lo apersi: conteneva il programma di una giornata di studi in onore di Ermenegildo Radicchi. La sede non era qualsiasi: l'aula magna dell'Università degli studi di Bologna. I relatori-organizzatori erano tutti docenti di buon livello, che avevano pubblicato significativi studi sulla grande tradizione novecentesca, e l'anno prima avevano dedicato qualcosa del genere ad Andrea Zanzotto. Qualcuno, poi, mi disse che a detta giornata non partecipò nessuno, a parte i relatori-organizzatori e il poeta.

Grazia

Guardai, di tra l'ombra, già nera
GIOVANNI PASCOLI

Durante il periodo di Mondello ricevetti la visita della mia amica Grazia. Lei se ne stava all'Excelsior. La raggiungevo per il pranzo e passavamo insieme il pomeriggio e la sera, in giro per Palermo o fuori città. Prima di cena, se non eravamo lontano, ci ritiravamo nella sua stanza e ordinavamo il tè o l'aperitivo. Il portiere faceva puntualmente tanto d'occhi quando mi vedeva entrare nella hall e seguire quella bella signora, che sarebbe potuta essere mia madre, fin su in camera. Lei rideva di cuore a esser presa per una vecchia maliarda. A Palermo si divertiva un mondo. Una mattina – mi raccontò – una giovane coppia la fermò per strada e le domandò se fosse un'attrice famosa. Lei, togliendosi gli occhiali da sole, li guardò e disse: "Io sono una guitta". Ancora cerco di immaginare la faccia dei due palermitani.

Durante la visita di Grazia, Palermo e la regione mi mostrarono il loro volto più bello e più benevolo. Con Grazia visitai le chiese, i palazzi, i giardini botanici, che avevo visto anni prima da turista. Con Grazia andai per la prima volta a vedere le rovine greche. Con Grazia mangiai nei ristoranti migliori della città e di Mondello. E le persone, quando ero in sua compagnia, erano più gentili con me.

A parte le mie lezioni mattutine, che non erano poi tanto numerose, l'università, per quelle due settimane, smise di essere il centro della mia vita. E, di colpo, come per un'illuminazione, esattamente ai piedi di un antico tempio, capii quanto la mia vita, lì, a Palermo, in quel dipartimento, fosse infelice. Le mie giornate si erano ridotte a vigilie vuote, in cui il saluto involontario di un collega rappresentava un vero e proprio evento sociale e i miei anni di studio e di ricerca venivano ricompensati dall'avaro permesso di tenere un seminario. Davanti a quello che restava dell'antico tempio, sostenendomi all'affetto, all'ironia e alla bellezza della mia amica, vedevo che non c'era differenza tra me e una qualunque delle pietre sparse intorno, nella desolazione del paesaggio indifferente.

La stessa Grazia, che pure non aveva mai lavorato in vita sua, aveva ben chiare l'assurdità e la spiacevolezza della mia situazione.

"Quelli sarebbero da prendere a male parole," diceva genericamente, ignorando il nome stesso dei miei colleghi, ma con autentico sdegno.

E io le spiegavo:

"Sono palermitani. Non comunicano".

Li scusavo così. Ma ormai l'incantesimo era rotto. Ormai anch'io sapevo che lì, per me, non c'era soluzione. Potevo solo andarmene. *Dovevo* andarmene. Ancora non sapevo né dove né quando.

A Palermo, in ogni caso, avrei dovuto passare tre anni. Così imponeva la legge. Dunque, per ancora due anni bisognava pazientare. Il pensiero del trasferimento, in ogni caso, cercavo di tenerlo il più lontano possibile. Qualcosa accadrà, mi dicevo, confidando non tanto nel fato o nella fortuna, che esistono, ma sono imprevedibili, quanto nel mio istinto per la felicità. Il più aristotelico degli istinti, infatti, neanche l'esperienza palermitana riuscì a togliermelo.

Due inviti

Pleasant things are infinite
Robert Burton

Alla fine della primavera del 2000 il dipartimento di Italiano della Columbia University mi invitò a tenere, nel semestre autunnale, un corso di letteratura dell'Ottocento. Feci subito domanda di nullaosta ai palermitani e Fecaloro, il consiglio di dipartimento e il consiglio di facoltà me lo accordarono senza difficoltà. La cosa era eccezionale, perché per i primi tre anni non solo non si può essere trasferiti, come ho appena ricordato, ma non è neppure ammesso che il neoassunto si allontani dalla sua sede. Fecaloro cercò di farmi credere che la concessione del nullaosta fosse un grande favore dell'università, ma perfino a me era evidente che, sparendo dalla circolazione per un periodo, il favore lo facessi io a loro.

Mi arrivò anche un invito da Alberto De Stefanis. Mi chiedeva di tenere un corso sul Rinascimento, durante l'estate, nella sede italiana della New York University. In questo caso, essendo invitato a lavorare lì durante le mie vacanze, accettai all'istante. Infatti, non occorreva nessun nullaosta. Non solo di insegnare avevo una gran voglia (tanto più un corso sul Rinascimento), ma il bisogno di guadagni maggiori si stava facendo pressante. Lavorare a Palermo, già solo quel primo anno, mi aveva ridotto sul lastrico. I miei genitori mi davano una mano, attingendo dai risparmi di una vita, ma non era giusto che alla mia età dipendessi ancora da loro. In più, quell'estate, la fortuna, con uno dei suoi colpi di genio, aggiunse problemi ai problemi. Al papà diagnosticarono il morbo di Alzheimer. Questo, prima di tutto, significava spese enormi, che neanche i risparmi di una vita sarebbero riusciti a coprire.

Dalla fine di giugno all'inizio di agosto vissi a Firenze. Affittai una mansarda – graziosa e quieta, ma molto calda – all'interno di Villa Torrigiani. Al lavoro andavo con l'autobus 25, che prendevo, dopo aver percorso un lungo tratto a piedi, davanti alla stazione.

La New York University ha sede alla Pietra, uno spettacolare complesso di cinque ville, sulla via Bolognese. Lord Acton, storico ed esteta anglofiorentino, aveva lasciato questa sontuosa eredità alla New York University nel 1990. Il testamento specificava che la città di Firenze non sarebbe stata adatta a riceverla, poiché il mantenimento delle ville, del giardino e di tutte le opere d'arte lì conservate richiedeva cure e mezzi finanziari che quella città non era in grado di assicurare. La New York University si dimostrò da subito un'erede solerte e responsabile. La manutenzione della proprietà partì a tamburo battente. E un'équipe di esperti giardinieri, a capo dei quali era un architetto inglese, mise mano all'ambizioso restauro del giardino (il secondo della città per estensione dopo quello dei Boboli). In capo a vent'anni saremmo tornati a vederlo nel suo originario aspetto cinquecentesco.

Per arrivare a Villa Ulivi, dove si tenevano le lezioni, attraversavo un labirinto di allori e ulivi, sotto il sole, che batteva forte già alle nove di mattina. Da ogni parte giungeva il frinire ipnotico delle cicale. Una volta raggiunta la destinazione, dall'altra parte del giardino (un paio d'anni dopo una nuova stradina, infossata come una U, avrebbe congiunto direttamente le due sponde della tenuta), venivo ristorato dall'ombra di altissimi pini marittimi e, poi, dentro la villa, da un'antica frescura, e dalla raffinatezza degli ambienti. Tutto, in quel luogo, era piacevole e rassicurante: l'architettura, il personale, i colleghi. Lì, pur sapendo di essere di passaggio, sentivo di avere una funzione; ero degno di un saluto; esistevo!

L'estate fiorentina fu piena di serenità e d'allegria. Ogni momento della giornata elargiva qualche gioia: la lezione mattutina, il pranzo con i colleghi, lo studio pomeridiano. La mia amicizia con Alberto De Stefanis si rafforzò. La mia fede negli altri riprese quota. Conobbi la solidarietà e la sincerità, e mi furono offerte occasioni quotidiane per ricambiarle. Il confronto con il dipartimento palermitano sorgeva automatico nella mia mente, a tutto svantaggio di quest'ultimo. Un giorno non troppo lontano ci sarei dovuto tornare: e come avrei reagito? Che cosa avrei fatto? Come mi sarebbe parso il mio isolamento? Avrei tollerato l'arrogante indifferenza con cui mi avevano trattato fino a quel momento? O sarebbe cambiato qualcosa? E come?

A Palermo, durante l'estate, tornai un paio di volte, per le sessioni degli esami e delle lauree. A metà luglio dissi addio all'appartamentino di Mondello, che mi era parso un nido, pur essendo una specie di prigione. Caricai libri e vestiti sull'Alfa 33 e ripresi la nave per Genova. La traversata del ritorno non ebbe nulla di felice. Il sole scottava con implacabilità persecutoria. La cabina era opprimente come lo *spleen* di Baudelaire. Una stagione della mia vita si era conclusa. Era durata pochi mesi, e io l'avevo scambiata per un inizio. Non saprei dire come mi sentissi. La delusione non è mai cosa che si possa descrivere, essendo ben più che un sentimento.

A Firenze insegnavo due giorni alla settimana. Avevo appena cinque studenti, ma la loro partecipazione appassionata fece di quel mio primo corso uno dei più gratificanti che io abbia mai tenuto, sia lì che in qualunque altro posto. Di Rinascimento quei ragazzi sciatti e dinoccolati, che avevano da ridire sulla qualità dei supermercati fiorentini e sulle dimensioni delle stanze, non sapevano nulla. Non parlavano neppure l'italiano. Ma, come scoprii, la bellezza e la profondità della cultura cinquecentesca sono capaci di affascinare anche menti vergini e in ogni caso, gli studenti americani, diversamente dagli italiani, hanno una straordinaria capacità di immedesimarsi nelle cose che studiano. Se, per troppa immedesimazione, a volte rischiano di attualizzare a sproposito il passato e dunque di non avere il dovuto rispetto per la storia e arrivano perfino a contestare l'importanza degli autori cosiddetti classici, resta che, sentendosi coinvolti in prima persona, riescono a capire la radice umana, cioè emotiva e psicologica, delle azioni e dei comportamenti. Uno studente americano, se è interessato a quello che studia, capisce e discute con abilità critica nozioni generali come potere, religione, razza, sesso, e tratta la letteratura per quello che è stata per secoli, in Italia e in Europa: una riflessione sul rapporto dell'individuo con la società; un discorso sulla responsabilità personale. Per questo autori come Dante, Boccaccio o Machiavelli godono di grandissima popolarità in America. Gli studenti italiani, in confronto, hanno dimenticato l'importanza delle idee, il valore della volontà individuale. Loro tendono, per colpa della scuola, a vedere nella letteratura solo dei libri.

A Firenze, quando non ero preso dalle lezioni e dallo studio, lavoravo al mio manuale di letteratura comparata, rielaborando gli appunti che avevo preso l'anno prima mentre mi preparavo per il concorso. Corressi anche le bozze di un mio libro di saggi sulla poesia. Giovanni Giudici, che incontrai a Milano, in un bar di via Tadino, alla fine di luglio, mi consigliò di intitolarlo *L'antico il nuovo lo straniero*. Gli dissi che quel titolo non mi piaceva. Lo trovavo didascalico. Io preferivo *La cruna di Saffo*, titolo di uno dei saggi inclusi nel libro.

"Montaliano," sentenziò Giudici. E rimase della sua idea. "Fidati di un vecchio copywriter," mi esortò, ingollando l'ultimo sorso di whisky.

Mi fidai. Oggi penso che il titolo proposto da Giudici sia perfetto, perché riassume non solo il contenuto del libro ma i principi intorno a cui ho tentato di costruire tutta la mia vita, intellettuale e sentimentale.

A Firenze, quell'estate, ritrovai anche la serenità per dedicarmi a un nuovo amore.

L'America

*Il semble que nous n'avons autre mire de
la vérité et de la raison que l'exemple et idée
des opinions et usances du pays où nous
sommes.*

MICHEL DE MONTAIGNE

Facciamo un salto nel passato. Il 3 gennaio del 1990, dopo aver lavorato per quasi un anno in una libreria del centro di Milano, all'età di ventiquattro anni, mi trasferii a New York. Era pieno inverno, uno dei bellissimi inverni di quella città. Ancora ricordo il vento impetuoso e gelido che riempiva ogni strada e ripuliva l'aria; e i colori del cielo purificato, azzurro intenso di giorno, e poi blu profondo e rosso al tramonto, dalla parte del New Jersey; e le luci della sera, che brillavano più intense nel freddo. Di quel vento era pieno anche il mio cuore, che non aveva mai battuto tanto forte.

Dopo una laboriosa domanda (che richiedeva, oltre al curriculum e a una dichiarazione personale, varie lettere di presentazione, documenti diversi e punteggi alti in alcuni test linguistici e psicoattitudinali), ero stato ammesso al programma di dottorato del dipartimento di Inglese, ma, una volta arrivato, decisi di cambiare, e passai a Comparative Literature. Nei professori, fin dal primo momento, incontrai solo disponibilità e generosità. In pochi mesi, grazie al loro aiuto, mi organizzai una vita ideale, divisa tra studio e lavoro. Una borsa copriva le tasse universitarie, che erano davvero elevate. Sui libri passavo molto tempo, ma me ne rimaneva parecchio anche per guadagnare qualche soldo. Insegnavo in diversi posti, diverse ore alla settimana. Alla New York University tenevo un corso di Letteratura classica per gli studenti del dipartimento di General Studies, cioè studenti di livello inferiore che, prima di poter cominciare nei dipartimenti a cui avevano fatto domanda (Medicina, Legge o Economia), dovevano passare un anno a consolidare la loro formazione di base. Finiva che ne sapevano molto di più di quegli altri che erano stati ammessi subito dove avevano chiesto. Alcuni studiavano poco per protesta: della letteratura a loro non interessava niente; non vedevano l'ora di cominciare a fare quello che veramente desideravano. Ma quasi tutti, abbastanza presto, diventavano lettori appassionati e si rassegnavano a quell'anno di purgatorio. Con loro, nel tempo di un solo semestre, leggevo per intero l'*Iliade*, l'*Odissea*, l'*Eneide*, alcune tragedie, una commedia di Aristofane, i lirici greci, un Vangelo. Nel semestre successivo leggevamo Dante, Boccaccio, Chaucer, Shakespeare. Io stesso non avevo mai letto così tanto, tra quello che studiavo per me e quello che dovevo insegnare, e in così poco tempo.

Alla New York University tenevo anche corsi di grammatica al dipartimento di Italiano. Insegnare la mia lingua, però, non mi piaceva molto.

La sera, un paio di volte alla settimana, insegnavo alla New School. Gli studenti erano adulti e particolarmente motivati. Lì tenni diversi corsi di Letteratura italiana del Novecento, e anche un corso di Latino per principianti. Una signora di cinquant'anni si era messa in testa di impararlo per leggere gli inni di sant'Ambrogio. Virgilio, Ovidio, Cicerone per lei non significavano nulla.

A questi lavori, che già mi consentivano di guadagnare abbastanza per pagarmi un affitto nel cuore del West Village, si aggiungeva un incarico periodico al Liceo italiano di New York. Ogni anno, prima che arrivasse il nominato ministeriale, toccava a me iniziare l'anno scolastico del liceo scientifico. Insegnavo latino e italiano a sparuti gruppetti di ragazzini emigrati, in genere figli di dipendenti del consolato o di qualche banca. Al Liceo italiano restavo tre mesi. Ogni volta mi illudevo che potesse essere per tutto l'anno. Non capitò mai. Ma anche in tre mesi portavo a casa un bel po' di soldi, essendo pagato esattamente come uno che fosse stato inviato dall'Italia (ero riuscito, non so come, a entrare nella graduatoria dei supplenti ministeriali). Grazie a quei soldi potei fare alcuni viaggi per le due Americhe, e anche, ogni tanto, correre in aiuto della mia fidanzata, che, come tutti i giovani americani, era piena di debiti e doveva trovare sempre nuovi metodi per tenere a bada i creditori.

Tanti lavori mi divertivano. Non ricordo che fossi mai stanco. Correvo da un posto all'altro, saltavo da un libro all'altro, da una lingua all'altra, dalle biblioteche alle aule, passando dal ruolo di studente a quello di insegnante anche più volte in una stessa giornata, e intanto accumulavo esperienza e conoscenze con una gioia e un entusiasmo che, a ripensarci, mi sembrano incredibili (in realtà, avevo poco più di venticinque anni, età in cui si è dotati di un'energia infinita). Imparavo moltissimo, sia delle persone sia delle letterature. Conobbi diversi ambienti e feci amicizia con diversi colleghi e colleghe. Di una pure mi innamorai, Roxanne, anche lei studentessa di dottorato, che teneva corsi su James Joyce alla New School. Credo di essere stato molto "fortunato" in quegli anni (nel dibattito umanistico sulle cause dei successi umani io sto con Guicciardini, non con Alberti o Machiavelli). Ma credo anche che tante opportunità di lavoro e di incontro potesse offrirle solo una città come New York.

Al dipartimento di Comparative Literature chiesi a Daniel Gilbert di farmi da *advisor*. A quei tempi Gilbert svolgeva funzione di *chairman*. Accettò subito. Qualcuno mi aveva detto che aveva un debole per gli italiani. È vero che l'Italia gli piace, ma Gilbert era portato a trattare con grande disponibilità qualunque straniero. Aveva amici di numerose nazionalità (e di tutti i tipi), e una cultura che si nutriva di varie tradizioni e non aveva niente di libresco (nonostante il suo grande amore per i libri, ereditato dal padre e dalla madre) o di pedante. Lui stesso era un perfetto uomo di mondo, in tutti i sensi. Mezzo francese, mezzo russo, cittadino di un paio di paesi, ebreo, esule, infaticabile viaggiatore, aveva studiato in America, in Inghilterra, in Italia, e si muoveva con disinvoltura, senza vanteria o affanno, negli ambienti intellettuali di mezzo mondo.

Devo moltissimo a questo professore che, senza promesse o ricatti o richieste di contraccambio, mantenendo a lungo un certo suo atteggiamento burbero, ha sempre seguito le mie vicende accademiche con confortante partecipazione, da allora a oggi. Lui rivelò fin da subito di stimare la mia formazione e mi incoraggiò a trarne il massimo vantaggio. In effetti, per uno che si occupa di Rinascimento, la conoscenza del latino e del greco è una grande fortuna. Se Alberto Grilli, in Italia, mi aveva mostrato la ricchezza della classicità, Daniel Gilbert mi rivelò i segreti del classicismo. I suoi corsi sulla *Poetica* di Aristotele, sulla formazione della teoria dei generi e sul poema epico-cavalleresco mi insegnarono a studiare la letteratura dalla prospettiva del potere. "Comporre è obbedire alle regole": quest'idea penetrò così profondamente in me che scrissi una tesi sull'imitazione nella lirica del Rinascimento. Non solo. Le regole diventarono un fine anche per me, che dalla prima adolescenza scrivevo versi ma senza pensare al numero delle sillabe. Le regole mi aiutarono a definirmi; a contenere il disordine. Grazie alla tesi di dottorato e alla poesia riuscii a trovare un ordine e una certa tranquillità là dove la minaccia della disgregazione premeva da ogni parte, come gli echi della guerra per i pastori dell'Arcadia. Infatti, quanto sarebbe potuta durare quella consolante costruzione sospesa che era la mia vita americana? Me lo domandavo ogni giorno; o, se non me lo domandavo coscientemente, sentivo che la fine sarebbe arrivata. Arrivò cinque anni dopo. Il conseguimento del dottorato e la dissoluzione di un appassionato, complicato matrimonio mi indussero a rifare i bagagli e a tornare in Italia. Nel frattempo, avevo vinto un concorso per l'insegnamento delle materie letterarie nei licei classici. Presi servizio a Lodi. La malinconica nebbia mattutina della città padana si frappose tra me e l'America.

Soltanto una volta tentai di trovare un impiego fisso nell'università americana. Era la fine del 1994. Nell'ottobre di ogni anno esce un volume della "Modern Language Association" che pubblicizza l'elenco di tutti i nuovi posti universitari, di qualunque livello e in qualunque ambito delle Humanities. L'Università di Berkeley cercava un comparatista che sapesse di latino. Sembravo il candidato ideale. Stavo per finire il dottorato in Comparative Literature e avevo appena pubblicato una mia traduzione delle *Heroides* di Ovidio; in più, stavo cominciando a tradurre i *Tristia*. Feci domanda e fui selezionato per un colloquio. Tutti i selezionati di tutte le discipline umanistiche, ritualmente, si incontrano in una certa città degli Stati Uniti, nello stesso periodo, che in genere è intorno a Natale. Quell'anno la città prescelta era San Diego. Presi l'aereo, affittai un'automobile e scesi in uno degli alberghi dove si teneva la convention. Gilbert si trovava già lì. La sera mi portò a cena in un bel ristorante, sul mare, e mi diede qualche consiglio. Soprattutto era lì per tranquillizzarmi. Diversamente da un Barone italiano, pur essendo un professore prestigioso e considerato, non era lì per "brigare". Non ci potrebbe essere pratica più lontana dalle abitudini di Gilbert. Il potere non è un suo obiettivo. Una delle cose che lo rendono assolutamente diverso non solo da un qualunque Barone italiano ma anche dalla maggior parte dei suoi colleghi americani è una sconcertante, perfino snobistica mancanza di invidia. Lui non è in competizione con nessuno; non ricerca alleanze; non pretende e non fa favori (una volta, convinto che una sua parola potesse aprirmi le porte, gli chiesi di raccomandarmi a una certa università americana per un contratto stagionale; mi disse che, se avevo bisogno di soldi, me li avrebbe dati lui). Gilbert, quell'anno, voleva senz'altro che io fossi preso a Berkeley; ma il suo desiderio si traduceva in pura e semplice fede nelle mie capacità. Per il resto dovevo fare io, solo io.

Il colloquio si svolse in maniera molto informale nella camera di un piccolo albergo, a La Jolla, la zona delle spiagge. La commissione era fatta di due persone, un uomo e una donna. Sembravano, per come erano vestiti, in vacanza. Immagino di non averli convinti pienamente quando mi fu chiesto di spiegare per quale ragione un ragazzo o una ragazza di vent'anni, a Berkeley, avrebbe dovuto seguire un mio corso di latino. Allora ero ancora troppo giovane per rispondere a quella domanda in modo soddisfacente. E pur essendo in America da quasi cinque anni, ero ancora molto legato all'idea di latino che avevo ricevuto dal mio professore italiano: parlai dell'importanza propedeutica della lingua, della metrica di Virgilio, della grammatica di Tacito. Sono certo che feci la figura del reazionario. Non mi presero. Però, quella volta, non presero nessuno, perché nessuno corrispondeva a ciò che il dipartimento di Berkeley stava cercando. Proprio così. In Italia, invece, i dipartimenti creano i posti sulle persone, non viceversa. Ti prendo non perché ho bisogno di uno come te, ma perché tu hai bisogno di un posto, e io te l'ho promesso, e dandotelo faccio vedere quanto sono potente. Che importa se non hai titoli? Che importa se, per farti impiegare, ti chiedo di non insegnare francese, in cui ti sei formato, ma inglese, che a malapena mastichi? Che importa se là fuori c'è gente più qualificata, molto più degna di te di ricevere un posto? Che importa se gli studenti si ritrovano costretti a seguire le lezioni di docenti ignoranti e demotivati? Che importano gli studenti?

Ecco la radice di tutti i problemi: il totale disinteresse dei Baroni per l'istruzione degli studenti. L'università non è pensata come scuola, ma come tavolo da gioco.

Columbia University

...et sero et nequiquam pudet

CICERONE

Rieccomi a New York, nel 2000, all'inizio di settembre, quando il caldo comincia a diminuire ed è bello passeggiare per il Village, in un'aria che sa nuovamente di primavera. Dopo il dottorato, che presi nel giugno del 1995, ci ero tornato solo qualche volta, per pochi giorni. L'insegnamento liceale non mi lasciava la libertà di passarci periodi prolungati, se non d'estate. Ma d'estate a New York non mi piace stare, non solo per la temperatura e l'afa: l'università è chiusa e i miei amici non ci sono, e manca tutta la meravigliosa atmosfera delle altre stagioni.

Questa volta ci sarei rimasto a lungo, quasi quattro mesi. Non mi pareva vero. Era come ricominciare. A New York ricomincerei sempre, e di fatto si ricomincia sempre, perché nelle sue strade felici, per quante volte si torni, si è più scopritori che reduci. Per New York non si nutre nostalgia, ma amore e gratitudine – una gratitudine pura, che neanche per un attimo rischia di trasformarsi in obbligo e, perciò, di risultare, alla fine, molesta per chi la prova ("gratia oneri", scrisse Tacito). Io vorrei fare qualcosa per New York, vorrei ricambiare, ma non è possibile. La New York che conosco è solo capace di elargire.

A New York, dopo il primo anno palermitano, ricominciai a vivere. Il lavoro, le amicizie, la stessa città costituivano un provvidenziale risarcimento – se posso parafrasare Manzoni – per tutta la sofferenza che Palermo mi aveva procurato. Solo adesso mi rendevo conto di quanto fossi stato male. E, con il sollievo e la consolazione, arrivò anche l'indignazione; la coscienza del torto che stavo subendo. Però, per non rovinarmi il piacere di essere a New York, pensavo a Palermo il meno possibile, nei limiti di qualche immediato paragone tra la gentilezza dei colleghi americani e la villania di quegli altri, tra l'efficienza del segretario Tom e la rozzezza della Giaccone o la pur simpatica oziosità della Olé. Per confronto, anche Mondello, dove mi ero creato una vita comoda e tutto sommato serena, mi tornava alla mente con l'aspetto di un luogo inospitale. E non ricordavo il mare, ma la roccia incombente; non i tramonti, ma i mezzogiorni domenicali, implacabili e vocianti; e l'isolamento, la lontananza che, a New York, mi pareva più che oceanica...

Già avevo eliminato dalla mente quasi ogni ricordo dei mesi appena trascorsi quando, una mattina di ottobre, trovai nella posta elettronica un messaggio della Rosi. La meraviglia, forse, fu maggiore del fastidio (benché alla povera Rosi io, in quel momento, non avessi nulla da rimproverare se non il fatto di scrivermi da Palermo). Infatti, non era nostra abitudine tenerci in contatto per posta elettronica o in alcun altro modo. Mi salutava e, senza tanti giri di parole, mi diceva di rimanere dove mi trovavo. Chi me lo faceva fare di tornare a Palermo? Che prospettive avevo là? E insisteva: "Non tornare". Il tono e lo stile erano quelli di una supplica disperata, dettata dalla paura. Non capii subito il fine di quel messaggio e presi le parole della Rosi per una dimostrazione di amicizia. Addirittura pensai che, con quelle parole, la Rosi tradisse finalmente la sua insoddisfazione e, in maniera indiretta, con un qualche sollievo, me la confidasse, lei che si era sempre guardata dall'esprimere, almeno in mia presenza, alcun sentimento negativo verso Palermo. Chissà, pensai, magari spera che io mi fermi a New York perché un giorno possa tirarci pure lei... In conclusione, le risposi che di rimanere in America non se ne parlava; il mio lavoro era in Italia; e in ogni caso lì, alla Columbia, ero stato invitato solo per un semestre.

In effetti, non ero per nulla certo che, avendone la possibilità, sarei rimasto in America, con tutto l'amore che nutrivo per quei luoghi. Io, in Italia, avevo vinto un concorso, e per puro e semplice merito. Allora non riuscivo a vedere completamente che l'oggettività del mio merito era stata solo un alibi dei Baroni che mi avevano lasciato vincere. Non ero disposto a mettermi da parte tanto presto, a rinunciare a un traguardo che avevo raggiunto con numerosi anni di studio... Così pensavo, allora. Ma poi, alla prova dei fatti, altre considerazioni sarebbero intervenute. Noi, infatti, non sappiamo mai se quello che desideriamo corrisponda davvero a una nostra reale capacità di vivere i desideri.

Pochi giorni dopo l'email della Rosi me ne arrivò anche una di Meneghetti. Anche questa era assolutamente inattesa. Avrei dovuto capire, prima ancora di leggerla, che quell'inconsueto movimento di posta – in Italia sarebbero stati avvertimenti telefonici – non era per nulla casuale, ma preannunciava qualcosa di grosso. L'email di Meneghetti, infatti, era la "soluzione" di quella della Rosi. Mi domandava se intendessi rimanere in America per sempre e mi informava che era appena stato bandito un nuovo concorso a Palermo. In palio c'erano un posto da associato e ben due idoneità da associato. Spieghiamo. Il posto è preassegnato e va all'interno. L'idoneità – che a quel tempo era un'invenzione di fresca data – è un titolo che non corrisponde a un ruolo effettivo. Dura tre anni, entro i quali occorre che un'università "chiami" l'idoneato. Solo dopo la "chiamata" il titolo si trasforma in condizione permanente e avviene il passaggio di carriera. Se nessuno ti chiama, l'idoneità – roba da pazzi – scade. In realtà, nessuna idoneità può scadere, perché, per come sono organizzati i concorsi in Italia, non si danno idoneità che non si sia già deciso di assegnare a qualcuno e, quindi, di trasformare in chiamate. Magari passa anche molto tempo prima della chiamata (le facoltà chiamanti amano far penare l'idoneato, un po' per disorganizzazione un po' per abuso di potere), ma non era mai successo – nel mio settore almeno – che qualcuno non venisse chiamato entro la scadenza del terzo anno. In sostanza, dunque, vincere un'idoneità è come vincere il posto. La pratica mostra che l'idoneato viene chiamato dalla stessa università in cui è già in servizio. Questo perché il cosiddetto "upgrade" dello stipendio non costa molto all'università in cui l'idoneato è già in servizio. Invece, come ho già ricordato, un'altra università, per chiamare un idoneato, dovrebbe creare un budget ex novo – il che comporta uno sforzo finanziario che quasi nessuna università si sente pronta a sostenere, oltre che un lavoro diplomatico di proporzioni titaniche (per convincere la facoltà ad aprire le porte a un estraneo). Questa spiegazione può parere marginale, in verità non va sottovalutata ed è meglio che il lettore la metta da parte e la ritiri fuori al momento giusto, se vuole capire la grave, insuperabile impasse in cui mi sarei ritrovato io un paio d'anni più tardi.

Di colpo capii. La Rosi, scrivendomi quello che mi aveva scritto, aveva tentato di tenermi lontano dal concorso. La Rosi non mi voleva come concorrente! Avevo avvertito paura nel suo messaggio, e non mi ero sbagliato. Ma la Rosi temeva per sé, non per me. Mi sentii un cretino. E mi vergognai di aver preso il suo messaggio per una dimostrazione di amicizia. È un difetto preoccupante scambiare per amico il nemico. Ancora mi vergogno della mia ingenuità. Ma in parte mi consolo al pensiero che ero condizionato da due fattori significativi: il mio insopprimibile – per quanto inconfessato – bisogno di amicizia da una parte e, dall'altra, il mio interesse per ben altro che le beghe di carriera. Insomma, io certe faccende non le avevo per niente in testa. Non si creda che io intenda passare per un puro. So di non esserlo. Però, io non sono come quelli che parlano la lingua dei Baroni, pur non avendo ancora alcun potere reale. Io sono un ambizioso, non un competitivo. L'ambizione è una gara con se stessi, non con gli altri. L'ambizioso, dunque, non può ricorrere a mezzi come l'inganno o l'ipocrisia.

Ero deluso dalla Rosi, ma non riuscivo ad avercela con lei. La sua letterina era stata un gesto disperato, e forse altrettanto ingenuo che la mia errata interpretazione della stessa letterina.

Ci si chiederà perché questa volta Meneghetti abbia voluto avvertirmi. Perché costui, che compariva di colpo come i Dioscuri nel fumo della battaglia, voleva che io partecipassi anche a questo concorso? Perché gli importava che io diventassi associato? Per stima di me? No di certo. Un Barone non agisce mai per stima o per simpatia o rispetto... Un Barone non sa neanche più dove stia la spontaneità. Un Barone non sa quel che pensa o sente, ma solo quel che vuole. Qualunque suo comportamento è dettato unicamente dal calcolo. Ti favorisco solo perché e finché mi serve. Non a caso l'amicizia, nel mondo universitario, è la cosa più soggetta a traversie. Un giorno li vedi amici per la pelle. Il giorno dopo scopri che si odiano e si fanno i dispetti più meschini. E poi tornano a essere amici, come niente fosse, sotto gli occhi di tutti, senza paura di coprirsi di ridicolo. I Baroni sono gli esseri meno coerenti che si possa immaginare; i meno forniti di ironia e di memoria personale. Per questo non hanno un'interiorità, il che, se da un certo punto di vista è un male, da un altro è un bene, perché la mancanza di memoria impedisce loro di vergognarsi di se stessi. L'unico strumento che hanno per riconoscersi e sapersi quelli di ieri è lo specchio. I Baroni vivono costantemente davanti a un più o meno metaforico specchio, come la regina di Biancaneve. Sono una brutta interpretazione moderna del mito di Narciso, con una grossa differenza: che loro non sono neppure innamorati di se stessi, ma della semplice superficie riflettente, che li induce non a smarrire, ma a ritrovare la propria identità.

Dunque, per tornare alla domanda che mi ponevo, penso che la risposta più probabile sia solo una: Meneghetti cercava alleati per il futuro e in me ne vedeva uno. Infatti, non mi risulta che, questa volta, io fossi deputato a portare via il posto a qualcuno che a lui o a Scognamiglio, il suo professore, non andasse a genio. In tanto zelo bisogna ammettere che Meneghetti, nonostante la giovane età, si dimostrava un Barone notevolmente maturo: lui già pensava a investire.

Mi iscrissi al nuovo concorso palermitano non certo per fare un dispetto alla Rosi – alla quale, se non altro perché lavorava a Palermo da più tempo di me, riconoscevo tutti i diritti di vincere il posto. Io mi sarei accontentato di un'idoneità. Quella mi avrebbe dato sufficiente forza e autonomia, all'interno sia della facoltà sia dell'intera università italiana (ancora ero ben lungi dall'immaginare che l'idoneità da sola sarebbe stata una grana anche peggiore della situazione in cui mi ero cacciato vincendo il concorso da ricercatore). Avrei finalmente avuto il diritto di votare nei consigli di facoltà e avrei preso parte a commissioni di concorso. La mia emarginazione sarebbe finita. Le cose sarebbero migliorate, e avrei dimenticato i brutti inizi...

Il semestre americano volgeva al termine. Il *chairman* mi invitò a pranzo e, in tono solenne, mi comunicò che il dipartimento di Italiano della Columbia aveva bisogno di un nuovo Junior Professor. Mi invitò a far domanda. Non mi assicurava niente. Non era detto che ce l'avrei fatta. Ma ero un candidato forte. Tanto più che il dipartimento era molto soddisfatto del lavoro che avevo svolto.

La proposta, inutile dirlo, mi lasciò a bocca aperta. La presi per l'ultima rata del famoso risarcimento manzoniano. Ringraziai e dissi che ci dovevo pensare. Il mio cuore esultava ma ero anche spaventato.

Seguirono giorni di affannose considerazioni. Ero molto tentato di fare domanda, ma, per la prima volta nella mia vita, mi imponevo di considerare i pro e i contro. Per la prima volta, mi sentivo di fronte a un dilemma. In realtà, nella testa avevo solo una gran confusione, che mi impediva di decidere che cosa fosse meglio per me. Gilbert mi incoraggiava con moderazione. Altri amici americani non capivano la mia titubanza. Come potevo opporre alla liberatoria prospettiva di una carriera americana il ritorno a Palermo? "Come on! Go for it!" mi sentivo ripetere. Il posto alla Columbia sarebbe stato solo l'inizio di una brillante carriera. Avrei guadagnato un sacco di soldi. Avrei fatto una bella vita. Etc. etc. La mia ex moglie era letteralmente elettrizzata dal pensiero che io potessi essere assunto da una

Ivy League. "Fuck Palermo!" diceva. E mi descriveva un futuro d'oro. Si sarebbe detto, a sentirla, che parlasse ancora per interesse personale, ma ormai i suoi consigli erano dettati unicamente dall'affetto.

Su tutti i pensieri, alla fine, prevalse la preoccupazione per l'avvenire dei miei. Mio padre aveva già perso la memoria e mia madre si dedicava a lui notte e giorno. Lei, parlando con rara sincerità, mi disse di sentirmi libero di scegliere quel che considerassi meglio per me.

Finalmente, sapendo di deludere più di una persona e forse anche di dare un calcio alla fortuna, vidi che per me, ora, era meglio non lasciare soli i miei genitori. Se avessi fatto domanda alla Columbia allora, chissà oggi dove sarei. Di sicuro, mi sarei risparmiato altri sei anni di umiliazioni. Però, non rimpiango di non averci provato. Non avevo sbagliato a credere che i miei avrebbero tratto qualche beneficio dalla mia vicinanza. Ai palermitani e all'università italiana, con la decisione di tornare, ho dato licenza di offendermi ancora a lungo, ma almeno ho visto gli ultimi anni di mio padre. Ho visto mio padre morire.

Lasciai New York alla vigilia di Natale.

La partita con Palermo non era ancora chiusa.

Il secondo concorso palermitano

Life, though largely, is not entirely carried on by literature

ROBERT LOUIS STEVENSON

Il concorso da associato è più semplice di quello da ricercatore, perché non ci sono scritti da sostenere. L'unica prova è una lezione di mezz'ora. La commissione ti assegna l'argomento della lezione e tu hai ventiquattro ore per prepararla. Potrebbe trattarsi di qualunque cosa. In genere, però, tra le cinque possibilità da cui si sorteggia non ce n'è nessuna che si allontani in modo significativo dagli interessi del candidato. A me toccò una lezione sui generi letterari. Passai il pomeriggio e la sera a ordinare le idee, nella mia stanza d'albergo (sempre il Magic). Era febbraio e si gelava. Al solito, non c'era il riscaldamento. A un certo punto fui costretto a uscire. Per strada fui assalito da una vera e propria crisi di brividi. Avevo assorbito tanto di quel freddo che adesso il mio corpo era scosso da tremori incontrollabili. Battevo i denti come se avessi la febbre a quaranta. Mi calmai solo dopo aver bevuto una tazza di tè bollente. Questo è il ricordo più forte che ho della sera che precedette il mio esame.

Presidente era, anche questa volta, Corona. Gli altri tre erano un vecchio professore napoletano, il solito Scognamiglio e Peppe Nervo. Quest'ultimo l'avevo incontrato parecchi anni prima in America, quando ero ancora studente di dottorato (gli avevo fatto, gratis et amore dei, da interprete, perché il professor Nervo, come la stragrande mag-

93

gioranza di coloro che insegnano Letteratura comparata in Italia, non sa una parola di inglese), ed eravamo rimasti in contatto, per un periodo, dopo il mio rientro. Nervo capitava spesso a Milano e io lo ospitavo. A un certo punto, stanco della sua invadenza, l'avevo mandato gentilmente a quel paese. E così, con mio sollievo, smettemmo di sentirci. Ritrovarmelo lì, a Palermo, all'improvviso, non era una bella cosa. Ero certo che non avrebbe perso quell'occasione per farmela pagare. Invece, non mettevo in conto che un Barone, per quante ragioni abbia di vendicarsi, ne avrà sempre una di più per usarti.

La Rosi, se fu sorpresa di vedermi, non lo rivelò. In ogni caso, l'ansia che la divorava le impediva di tradire e forse anche di provare qualunque altro sentimento o emozione. Per lei si trattava del terzo concorso da associato. Questa doveva essere la volta buona, ma lei, già scottata ripetutamente, non dava niente per scontato. Chi ha imparato a sue spese non esclude che le alleanze, di nuovo, si possano ricombinare a vantaggio di qualcun altro.

C'erano anche altri due colleghi palermitani, che finora non ho nominato perché con loro non avevo alcun rapporto. Erano due specialisti di Letteratura italiana. Che c'entravano, dunque, con un concorso di Letteratura comparata? Niente. Uno di loro, in particolare, non aveva alcuna pratica professionale delle letterature straniere. Né parlava altra lingua che l'italiano. Dunque? Dunque, l'ho già detto, i titoli e la bravura ai concorsi non servono.

Altri concorrenti non ce n'erano. Di certo non eravamo noi palermitani i soli ad aver fatto domanda. Il bando, infatti, ha diffusione nazionale ed è aperto a tutti. Noi eravamo i soli a esserci presentati. Come capita quasi sempre, agli esterni viene chiesto per tempo di ritirare la domanda. E gli esterni, da bravi, obbediscono, onde evitare che i Baroni si accaniscano contro di loro in futuro (come se non fosse già un accanimento chiedere a qualcuno non solo di non presentarsi al concorso ma perfino di non lasciare tracce di averlo desiderato). A me nessuno aveva chiesto di ritirare la domanda. Dunque, avevo qualche legittima speranza di prendere l'idoneità, nonostante la quasi certa opposizione di Peppe Nervo.

Prima di entrare nell'aula, Peppe Nervo mi prese da parte con aria complice e, tenendomi la mano sulla spalla, da consumato paternalista, mi disse che era lì per sostenermi. La sua disinvoltura mi impressionava. Con me non ce l'aveva, anche se non mi ero comportato bene con lui. Questo me lo mettessi bene in mente. Lui sul passato aveva steso un velo pietoso e lì avrebbe sostenuto la mia causa, perché lui era un uomo d'onore. Però, non era detto che ce l'avrebbe fatta. Io ero forte, ma non avevo l'appoggio degli altri. Per cui la sua impresa sarebbe stata molto ardua. Lo stesso dovevo confidare in lui. Lasciassi fare a lui. E se non era questa volta, sarebbe stata la prossima... E altre chiacchiere del genere. Mi diede un buffetto sulla guancia e mi disse di stare tranquillo. Rientrò nell'aula e poco dopo tornò fuori per invitarmi a cominciare.

Parlai di neoaristotelismo, polemiche antiariostesche e teorie della ricezione. Nervo assentiva con enfasi, come quando si sta pensando a tutt'altro; Scognamiglio scrollava la testa dal sonno, quasi ipnotizzato dalle mie parole; Corona, la mano sulla bocca, sussurrava al cellulare; il napoletano sbirciava il giornale, che teneva sotto il tavolo. Nessuno, in sostanza, seguì il mio discorso.

Ripartii per Milano quello stesso pomeriggio. La mattina dopo mi telefonò Peppe Nervo.

"Non è andata male," disse.

Era riuscito a strappare a Corona la promessa che al prossimo concorso da associato un'idoneità sarebbe stata mia. Il suo tono trionfale mi lasciava senza parole. La mia sconfitta era diventata un suo successo, seppure lo era. Ma Nervo voleva illudersi di averla spuntata con Corona. Il mio concorso, alla fine, era stato un *suo* concorso, la prova con cui il professor Nervo avanzava nella carriera baronale. Il tuo potere, infatti, cresce se riesci a ottenere concessioni da chi, di potere, ne ha di più. Evidentemente Corona una concessione a Nervo l'aveva voluta fare.

"E se non rispetti la parola, gli ho detto, sei un uomo di merda! Capito? Mica ci ho paura io di Corona! Dovevi vincere tu, ma non c'è stato verso. Però sono riuscito a ottenere che la prossima volta tocca a te."

Si aspettava che lo ringraziassi.

"Grazie," dissi.

E siccome non sembravo contento, Nervo disse:

"Corona ha dato la sua parola. Se non la mantiene si sputtana davanti a tutta l'accademia italiana, mica solo davanti a me".

In sostanza, mi stava dicendo che lui, Nervo, era diventato l'incarnazione di tutto il sistema (la megalomania è un altro tratto tipico del Barone).

Ero molto deluso da Scognamiglio, sì, da lui più che da chiunque altro. Di tutti, lui era il solo che, per anzianità e per cultura, mi paresse sufficientemente armato per contrastare la prepotenza di Corona. In realtà, né gli anni né i libri letti e scritti possono nulla contro le forze dell'egoismo. Scognamiglio non aveva difeso la mia causa per pura e semplice incapacità. Scognamiglio, che era un Barone pure lui, sebbene un Barone d'altri tempi, in questa storia rappresenta un personaggio debole. Scognamiglio aveva permesso che un Corona, più giovane di lui, il meno qualificato di tutti, prendesse piede e finalmente lo scalzasse e dettasse legge. Perché?

Naturalmente era inteso che io, dopo il concorso palermitano, fossi alle complete dipendenze del mio nuovo (autoeletto) protettore, il professor Nervo. Nuove richieste non tardarono ad arrivare. Per prima cosa, senza sentire se fossi disponibile o no, Nervo mi nominò membro di una commissione giudicatrice incaricata di assegnare un postdottorato nella sua università. Cercò di convincermi che il treno, e non l'aereo, fosse il mezzo più comodo per arrivarci. Siccome non la pensavo così (il treno, infatti, impiega quasi ventiquattro ore per arrivare fin laggiù), mi disse che forse l'università non mi avrebbe rimborsato le spese del volo.

"Pazienza," dissi.

Presi l'aereo. Per due giorni vissi prigioniero nel più squallido dei posti che mi sia mai capitato di visitare. Il campus di quella università è ubicato in cima a una montagna spoglia, lontano da tutto, ed è costituito da una lunga processione di prefabbricati, che imitano le arnie. Ci si arriva dal paese più vicino, che dista un'ottantina di chilometri, con un autobus scassato. Per esser certo di arrivare in tempo, mi alzai all'alba, dopo aver consultato sugli orari l'albergatore, il giornalaio e qualche passante. Nessuno sapeva niente. Di taxi neanche l'ombra. Arrivai molto prima delle sette. L'unico bar, di fronte al cancello del campus, era chiuso. Pazientai fino alle otto, battendo i denti per il freddo.

Al concorso si presentò unicamente il raccomandato di Peppe Nervo. Immagino che il bando avesse avuto una circolazione clandestina, e comunque la bruttezza e la lontananza del posto funzionavano da buon deterrente. Il giovane fece una prova scritta mediocre. Nell'orale non andò meglio. Ma Nervo lo considerava un genio e, senza che ce ne fosse il minimo bisogno, si sperticava in lodi nel tentativo di convincere me e l'altra malcapitata (una professoressa di Viterbo) che fossimo lì per premiare una persona molto meritevole, anzi "la persona giusta". Del fatto che tutto ciò fosse la più lapalissiana delle farse nessuno diceva niente. Nemmeno io. Io ero scocciato, intossicato dalle chiacchiere di Nervo e dalle infinite sigarette della collega di Viterbo. Non vedevo l'ora di tornarmene a casa e pensavo al faticoso viaggio che mi aspettava.

Rividi Peppe Nervo un paio di volte, non molto tempo dopo. Di nuovo lo ospitai a casa mia. Aveva preteso addirittura che lo andassi a prendere a Malpensa e che di lì lo accompagnassi non ricordo più dove. A un certo punto mi chiese di tradurre dal francese certe poesie di un suo collega parigino e di pubblicarle su "Poesia". Mi rifiutai. Mi chiese di tradurre anche altre cose dal latino, per lui. Non feci neanche questo. E arrivai a cancellare i suoi messaggi di posta elettronica prima ancora di leggerli.

Da una terrazza

...erat immedicabile vulnus
OVIDIO

La mia vita a Palermo riprese com'era cominciata. Anzi, peggiorò perfino. Come ho già detto, insegnavo poco e niente. E i colleghi erano quelli di sempre, non smettevano di ignorarmi. Non godevo più nemmeno dell'allegra presenza della Olé, che, mentre ero in America, era stata trasferita nel palazzo di piazza Marina. Mi ripromisi varie volte di andarla a cercare ma non trovai mai il momento giusto. Neanche lei mi cercò più.

Nella casa che affittavo laggiù stavo ormai solo due o tre giorni alla settimana. Di più non serviva e, comunque, mi era passata la voglia di vivere nell'isolamento, per nulla. Alla fine di maggio, terminati i corsi, lasciavo la casa. Ne affittavo un'altra a Firenze, dove ero regolarmente invitato a insegnare alla Pietra nei mesi di luglio e agosto. D'estate e d'inverno, se dovevo scendere a Palermo per gli esami, prendevo una stanza al solito Magic. Ormai consumavo quasi tutti i miei stipendi in viaggi aerei.

A Mondello non ero più voluto tornare. I bei ricordi si erano trasformati in una specie di fastidio, come un prurito, reso insopportabile dal pensiero di ben altri luoghi. Stavolta presi casa in città, dietro al Teatro Massimo. Era un bell'appartamento, all'ultimo piano di una palazzina settecentesca, perfettamente restaurata. Per le mie necessità era fin troppo spazioso. Lì non c'era il mare (che un po' mi mancava), ma in compenso disponevo di un'ampia terrazza, che

99

riempii di piante grasse e arredai con un tavolo e una chaise longue. Su quella terrazza, da cui si vedevano i tetti della città, la cupola del teatro e perfino le cuspidi della cattedrale, passavo gran parte della giornata. Dava su una piazzetta, dove, tra le numerose macchine mal parcheggiate al centro, si svolgevano le più varie attività. Assistei a incontri, a scenate di gelosia, a risse. La piazzetta era una specie di palcoscenico, disponibile alla recita di qualunque improvvisatore. Lo spettacolo più interessante cui mi sia capitato di assistere fu un rito mafioso. Altro non si sarebbe potuto definire. Era scoppiata una lite violenta tra due giovani. Se le erano date di santa ragione e ancora minacciavano di riprendere la zuffa, fronteggiandosi e sfidandosi come bestie feroci. Dalle finestre le donne urlavano parole a me incomprensibili, in dialetto, tra le quali mi pareva di riconoscere accalorati inviti a ritirarsi. Quand'ecco che, da una delle viuzze laterali, appare un vecchio, con una bottiglia di vino in mano. Incede autorevole e, con fare sicuro, si mette tra i giovani ansanti. Il silenzio torna di colpo sulla piazza. L'uomo stappa la bottiglia e ne beve un sorso. Quindi la passa agli altri due, che bevono a turno. A quel punto il vecchio allarga le braccia e spinge i due litiganti l'uno verso l'altro. E quelli, con incredibile mansuetudine, quasi fossero caduti vittima di un incantesimo, si baciano sulle guance. Un attimo dopo, si ritirano tutti quanti. Il vecchio, che sa che la scena si è svolta sotto gli occhi di molti curiosi, compie un largo gesto di saluto, e vedo anche gli altri spettatori rientrare e chiudere le imposte.

I mesi passavano così, nella vacuità. Vivevo, non solo a Palermo, sporto da una terrazza. Aspettavo una soluzione. Aspettavo il nuovo concorso, illudendomi che avrebbe cambiato le cose. Ma le cose andavano sempre peggio. La sorte, che è capace dei più sofisticati parallelismi narrativi, impose che lo svolgimento della mia carriera accademica italiana coincidesse perfettamente con il progressivo crollo cerebrale di mio padre. Anche i termini cronologici si sarebbero rivelati identici: vinco a Palermo e scopro che mio padre ha l'Alzheimer; vinco a Oxford, sette anni dopo, e mio padre muore. La sua inguaribile demenza rappresentò, per tutto il periodo del mio servizio palermitano, un mostruoso simbolo dell'infelicità in cui la mia professione mi trascinava ogni giorno di più. Mi preoccupavo del mio avvenire e nel medesimo tempo guardavo con apprensione al doloroso declino dell'uomo che mi aveva dato la vita. Se in un caso una soluzione poteva anche esserci, nell'altro la rovina era sicura, e la certezza di questa proiettava un'ombra di orrenda necessità anche sulla mia situazione – per cui mi pareva che anche per me non ci dovesse essere altra via che la perdita totale. Entrambi, io e mio padre, combattevamo una lotta impari: lui contro una malattia inguaribile, io contro un sistema cancrenoso che aveva diramazioni e metastasi ovunque nel corpo del paese. Non c'era scampo. Per liberarci del male, dovevamo andarcene. La cosa triste era che in questa lotta che ci univa non potevamo essere alleati. Combattevamo, purtroppo, soli.

Il concorso di Firenze

Et in Arcadia ego

Il nuovo concorso fu annunciato quasi due anni dopo. La data fu fissata per la metà del dicembre del 2002. La sede era Firenze. Come nel precedente concorso palermitano erano in palio un posto e due idoneità.

Passai anche l'autunno del 2002 a New York, lavorando di nuovo per il dipartimento di Italiano della Columbia University. Questa volta tenevo un corso sul Rinascimento. Tornai a occuparmi di questioni che mi stavano particolarmente a cuore e che ancora trovo fondamentali, non solo come insegnante: la creazione di una scienza letteraria, il rapporto tra realtà e invenzione, la lezione di Aristotele e di Orazio... Parlavo di queste cose non solo con gli studenti. La mia mente ne era completamente assorbita, anche fuori dall'aula. Perfino quando correvo sul tapis roulant, nella palestra della Columbia, discutevo di *mimesis* o di tempo narrativo con una nuova amica, una professoressa del dipartimento di Inglese, che, a sua volta, ansando sul tapis roulant vicino, mi esponeva le sue ultime riflessioni sul cattolicesimo di Hamlet. A Palermo quando mai mi era capitato di scambiare opinioni sulla letteratura con chi che fosse?

La felicità in cui vivevo fu guastata da due visite non annunciate. Inutile dire che gli intrusi arrivavano dal Bel Paese. Per primo comparve Giovanni Meneghetti, che, provenendo da Toronto, si fermava a New York per qualche giorno in veste di turista. Nonostante avesse poco tempo a disposizione pensò opportuno dedicare qualche ora anche a me. L'arrivo della Morte in Arcadia non fu meno odioso e inquietante. Eravamo nel mio bell'ufficio. La stessa persona che, due anni prima, mi aveva amichevolmente comunicato che a Palermo si sarebbe tenuto un concorso da associato, ora mi diceva che neanche a Firenze ce l'avrei fatta. Finsi di non dare importanza alle sue parole.

"Che ne sai?" rispondevo, ben sapendo che Meneghetti non stava parlando a sproposito. "Corona si è impegnato," insistevo.

E citavo, pur con ripugnanza, Peppe Nervo:

"Se non passo, ci fa una figura di merda davanti a tutti...".

E Meneghetti, con tronfia sicurezza, mitigata da un sorriso benevolo, ribadì quanto aveva appena detto.

Non gli diedi la soddisfazione di interessarmi all'identità dei miei nemici. Di colpo, anzi, vidi in lui, Meneghetti stesso – uno che nella mia storia aveva già occupato un ruolo positivo –, una sintesi di tutti quelli che avevano cercato e ancora cercavano di mettermi il bastone tra le ruote. Riuscii a non offrirgli neanche una tazza di tè. E mi guardai bene dall'invitarlo a cena. "Buona vacanza," gli augurai sulla porta, gelido. Ma credo che, alla fine, la mia reazione non lo abbia toccato più di tanto: comunque, la sua missione – perché di questo si trattava – era compiuta.

Il caso volle che pochi giorni dopo arrivasse a New York lo stesso Corona. Lo incontrai all'Italian Academy, alla presentazione di un libro. Di sicuro, comunque, Corona non era arrivato fin lì per assistere a quella presentazione! Ci sarà stato un motivo ben più importante a condurlo tanto lontano... In un altro momento, Corona sarebbe stato l'ultima persona al mondo che avessi desiderio di vedere a New York. Invece, date le circostanze, mi feci avanti e lo invitai a cena. Mi premeva scoprire come stessero davvero le cose – se Meneghetti mi avesse parlato a sproposito o no – e sentirmi confermare direttamente da lui che era arrivato il mio turno: che ora professore associato sarei diventato io.

Lo raggiunsi al suo hotel la sera dopo e lo portai in un

ristorante poco lontano. Tutti e due facevamo fatica a rompere il ghiaccio – io per l'imbarazzo, lui per cautela. In effetti, un po' di imbarazzo lo provò pure lui. Fu di fronte al menu, che, scritto in inglese, gli risultava inintelligibile come una tavoletta in assiro-babilonese. Voleva dell'acqua ma non sapeva neanche dire "water, please". Finsi di non notare la sua imperdonabile ignoranza della lingua e ordinai da bere per tutti e due, scandendo bene le parole, come per imprimergliele nella memoria a futuro uso o rendergliele in qualche modo comprensibili e così togliergli di dosso la vergogna. Ma Corona non è uno che si vergogna. Il suo imbarazzo era dispetto: era infastidito dalla mia superiorità linguistica, non dalla propria inferiorità.

Per tutto il tempo della cena non ebbi in mente che una cosa, il concorso di Firenze. Ma non sapevo come affrontare il tema e Corona evitava con abilità l'argomento e quando io stavo per dire qualcosa che sembrasse portare in quella direzione lui si distraeva oppure si metteva a parlare di qualcosa che non c'entrava nulla. Doveva essere ben consapevole che io l'avevo invitato a cena solo per parlare di quel benedetto concorso. Eppure si comportava come se niente fosse. Un altro non avrebbe accettato l'invito, per non illudere la persona che lo fa. Ma un Barone no. Un Barone l'invito lo accetta eccome, perché il Barone non perde un'occasione per esercitare il suo potere. Illudere è proprio un'arma del Barone, come deludere o promettere. Al Barone non importa che tu lo odi. Gli basta sapere che tu dipenda da lui. Il potere è questo: assoggettare, in qualunque modo, senza paura di esporsi al risentimento. Io, per tutta la sera, fui nelle mani di quell'uomo. Mi ero consegnato a lui. Lo studiavo come un innamorato studia l'oggetto del suo amore, perché mi aspettavo qualcosa da lui. Anche un suo minimo gesto mi appariva un improvviso incoraggiamento a dire. Ma non era così. Corona non voleva parlare del concorso, e probabilmente si divertiva un mondo a tenermi sulla graticola. Né, d'altra parte, sembrava aver alcuna fretta di tornarsene in albergo.

Quell'uomo, forte del vantaggio che io stesso gli avevo

accordato, mi stava costringendo a *tenergli compagnia*! La delusione in me si trasformò in stizza, e questa in noia. Già prima del dolce, me ne sarei scappato. Ma lui, il Barone, continuava a chiacchierare. Quanto chiacchierava! Dopo il caffè venne l'amaro, e con questo altre chiacchiere... Il Barone non aveva alcuna intenzione di ritirarsi. Mi raccontava di sua madre, di suo fratello, che non sentiva da molti anni, della Palermo di una volta, della casa di famiglia, che aveva ereditato, ma dove non aveva più il tempo di andare... Il Barone era trascinato dalla corrente della nostalgia (forse per effetto della lontananza geografica), e a me toccava il poco invidiabile privilegio di vederlo scivolare come un'Ofelia.

Ed ecco che, dopo la noia, come un fiore nel deserto, qualcosa di inatteso si produsse in me al suono di quella voce. Di colpo, io, con un sollievo che non si può descrivere, mi ritrovai... a provar pietà per il Barone. Sì, pietà. Le sue parole avevano cessato di infastidirmi. Neanche più ne distinguevo il contenuto. Il Barone parlava senza posa e io osservavo la bocca di una marionetta, un povero fantoccio animato dalla volontà altrui. Questa volontà superiore era il terrore della solitudine. Di me, infatti, al Barone non importava niente. Lui non mi stava facendo alcuna confidenza, non stava cercando di diventare mio amico, non *si stava lasciando andare*. Niente di tutto questo. Io gli servivo a passare il tempo, io gli davo una buona ragione per affrontare il più tardi possibile il ritorno nell'anonima camera d'albergo, il momento in cui, spenta la luce, il mondo si sarebbe ridotto a un inutile sonno.

L'esperienza peggiore di quella serata, comunque, non fu la noia, a ripensarci, e neanche la pietà (che è sempre un errore concedere agli egoisti). Il peggio fu il compiersi in me di una metamorfosi mostruosa: vicino a quell'uomo io non ero più io! Ero diventato come lui. Ero diventato uno di loro! Ragionavo ormai come un qualunque baroncino: davo per scontato che dovessi vincere quel concorso. Mi era *dovuto*! E non perché me lo meritassi (io stesso avevo smesso di valutarmi in base al mio valore), ma perché mi era stato promesso! Che questo modo di ragionare fosse sbagliato neanche mi veniva in mente.

Chiesi il conto e solo in quel momento, mentre tiravo fuori la carta di credito, trovai il coraggio di dire:

"Del concorso di Firenze che mi dici?".

Lui non batté ciglio.

"Stiamo a vedere," disse. "Che fretta hai?"

Non seppi rispondere nulla. Pagai e Corona mi lasciò pagare. Neanche mi ringraziò per la cena. "Meglio così," pensai, tornando verso casa. Un po' mi vergognavo per lui, ma mi dicevo anche, per illudermi, che uno che non è ben disposto nei tuoi confronti non si lascia offrire da te la cena. Evidentemente, se ragionavo così, un briciolo del vecchio buon senso ancora restava in me, ma non era quello che mi serviva a capire come stessero le cose. Gli intrighi accademici non si valutano con il buon senso, o le buone maniere.

Un altro sabotatore

...ausculto – loquere quid velis
TERENZIO

Appena rientrato a Milano, fui convocato da Giulio Calvi. Questo professore dell'Università di Milano, che conoscevo di vista e del quale avevo letto i libri, non mi aveva mai cercato in vita sua. Di tutti i Baroni che ho incontrato era di certo il meno protervo, perché la sua vera vocazione non era il potere, ma la cultura. Inoltre, era persona profondamente pigra. Non a caso, pur tenendo molto alle sorti della giovane moglie, non riuscì mai a sistemarla da nessuna parte, se non con piccole borse di studio o contratti a termine, in sedi da poco.

Accettai di vederlo. "Sta' a vedere," mi dissi, "che Calvi mi vuole proporre di lavorare a Milano."

Bevemmo un caffè al bar di fronte alla Statale. Calvi voleva sapere unicamente i miei programmi, cioè se avessi intenzione di partecipare al concorso di Firenze.

"Certo," gli assicurai.

Cercando di dissimulare il nervosismo, mi disse che secondo lui avrei fatto meglio ad aspettare il concorso successivo, previsto a Salerno, dove lui, Calvi, sarebbe stato membro interno (il membro interno è colui che, pur provenendo da altro ateneo, ha il compito e il dovere morale – per così dire – di difendere la causa dell'interno). Insomma, mi prometteva che lì avrei potuto contare sul suo appoggio. In realtà, Calvi a me non intendeva dare proprio nessun appoggio. Con quelle promesse, stava cercando di tenermi lontano da Firenze, dove sperava che avrebbe vinto un suo protetto e temeva che la mia partecipazione avrebbe compromesso la riuscita di quest'ultimo. Gli risposi che a Firenze potevo contare su quello di Corona. Calvi, sentendo il nome del Barone dei Baroni, fece una smorfia di disgusto.

Insomma, l'avevo rimesso al suo posto. Non ci dicemmo altro.

Il maldestro approccio di Calvi, se non mi tolse la voglia di presentarmi a Firenze, mi confermò quello che, a chiare lettere, già mi aveva detto Meneghetti a New York: che nemmeno a Firenze era previsto che io vincessi.

Con questi auspici, pochi giorni dopo, partii per il concorso.

Alloggiavo in un piccolo, ma delizioso albergo dalle parti di piazza Santissima Annunziata. La lezione, per caso identica a quella di Palermo, non la preparai. Passai la vigilia dell'esame a guardare il soffitto della stanza. Ero furibondo. Sapevo di essere lì per niente. Eppure *dovevo* esserci. Non avevo scelta. In preda alla rabbia, prima di entrare in aula, telefonai a Peppe Nervo. Gli dissi che ben due persone, agendo per conto di chissà chi, mi avevano invitato a non andare a Firenze. Intendevo denunciare questo fatto alla commissione, prima di cominciare la lezione. "Tu sei pazzo. Così ti fotti per sempre." Questa fu la risposta dell'uomo che, quasi due anni prima, mi aveva voluto far credere di aver strappato un impegno all'arbitro di tutti i giochi.

Non feci nessuna denuncia e tenni la mia lezione davanti a quattro facce indifferenti. Presidente era Corona; membro interno una signora di Firenze; e commissari due di Verona, un uomo e una donna. Come finii di parlare, allo scadere della convenzionale mezz'ora, una mosca comparve nell'aula, materializzatasi chissà come (mancavano, infatti, pochi giorni a Natale). Ronzando in modo sinistro, sbatteva di qua e di là sotto gli occhi attoniti dei presenti, finché si posò sul tavolo, vicino ai miei titoli (i libri e gli articoli che avevo spedito a ciascun membro della commissione). Il veronese prese la mia Letteratura comparata e, con una rapidità sorprendente (e, diciamolo, anche inappropriata), la sbatté sulla povera mosca. Quindi, soddisfatto di tanta prodezza, si lasciò sfuggire:

"Utilissima la sua Letteratura comparata, Gardini".

E io:

"Almeno sarà servita a liberarci di un insetto", battuta con cui mi prendevo una piccola soddisfazione, ma che i commissari, come poi mi riferì Corona, ebbero la sfacciataggine di interpretare per un'involontaria ammissione del mio fallimento.

A Firenze erano in palio un posto e un'idoneità. Il posto toccò naturalmente al candidato interno e l'idoneità finì, udite udite, alla Carnazzi, sì, proprio quella che aveva fatto rimandare gli orali a Palermo. La ex di Castro, il quale nel frattempo era entrato nelle grazie di Corona. Alla fine ce l'avevano fatta! Quando lo scoprii, fui stupito tanto quanto immagino sia tu, lettore. In realtà, c'è poco da stupirsi. Non mi stava capitando nulla di peggio di quel che era capitato alla Rosi. Anch'io mi preparavo a dover sostenere un terzo concorso. Nel gioco dei concorsi, infatti, certe persone sono come quelle carte che ti restano in mano a lungo e quasi te le dimentichi, quand'ecco che di colpo ti tornano utili... È solo una questione di tempo. I Baroni non hanno nessuna fretta. Per una mossa ben fatta sono capaci di aspettare anni. Non utilizzano l'asso, se per vincere basta il due di picche.

La felicità

Nulli crediturus sum

Francesco Petrarca

*Quand on parle de l'amour du passé, il faut
faire attention, c'est de l'amour de la vie
qu'il s'agit; la vie est beaucoup plus au passé qu'au présent.*

Marguerite Yourcenar

C'è una poesia di Pascoli, *La felicità*, contenuta nei *Primi poemetti*, in cui la felicità è un ideale irraggiungibile.
Chi la cerca è come un cavaliere errante, uno di quelli che,
nel poema di Ariosto, inseguono Angelica. La perde appena crede di averla trovata. E la ritrova nel momento stesso in cui se ne sente allontanare. Secondo quest'idea, felicità e inseguimento si equivalgono. È ancora il vecchio mito di Apollo e Dafne, quel mito su cui Petrarca ha model-
lato la narrazione del suo *Canzoniere* e che, grazie a lui, è
diventato uno specchio dell'anima italiana. La felicità-
illusione, la felicità-fantasma, sirena o chimera fuorvian-
te. Secondo questa visione la felicità è "qualcosa che verrà";
qualcosa che si sposta sempre in avanti e sfugge alla presa. Una promessa che non viene mantenuta ma si ripete,
deve ripetersi all'infinito.

Per me la felicità è il contrario. Ha a che fare con il passato, non con il futuro. È un modo di considerare il passato; di comporlo in un ordine in cui ogni frammento si giu-
stifichi e si colleghi con gli altri. La felicità è un'opera o, ri-
petendo Aristotele, un'arte poetica. Chi la realizza scopre
necessità e armonia là dove supponeva che si trovassero solo detriti e caos. Essere felice, per me, è contemplare, di colpo, come da un punto elevato, quel che è stato e, perciò,
quel che sono. Non vorrei dare un'impressione sbagliata
con queste parole, cioè che io parli di fierezza o appaga-

mento. Non è questo che voglio dire. La felicità che intendo è un'improvvisa intelligenza; è *capire*. Capire che cosa? L'antichità del presente; la connessione reciproca di tutte le parti lontane che lo compongono. La felicità è esperienza della profondità. Se devo proprio scegliere a modello un libro di poesie, credo che sceglierei la *Vita nuova* di Dante – quel libro in cui l'uomo di oggi osserva l'uomo di ieri e *legge* il senso della sua vita.

La felicità è lettura. La felicità è esercizio critico. Oggi, all'improvviso, capisco chi sono. O almeno, così credo. E non metto in dubbio la mia comprensione. Neanche per un attimo sospetto che io mi stia sbagliando, che stia avendo le traveggole. Quella non sarebbe la felicità. Sarebbe un'altra cosa, per la quale dovrei cercare il nome. Nel momento della felicità le esperienze che ho vissuto, belle o brutte, mi appaiono, per la prima volta, in una trama compiuta, in cui il caso e l'intenzione sembrano per una volta collaborare. Nella felicità il passato appare *giusto*, com'è giusta, nel manifestarsi di tutti i suoi petali e di tutte le ombre che li separano (il vero fiore!), una rosa che si apre.

Certo, la trama che all'improvviso si riconosce dura il tempo che dura. La felicità, infatti, non è una condizione o uno stato permanente, ma un'intuizione, e le intuizioni non sono soggette a durata. Però questo è vero solo in parte. Di intuizioni se ne possono vivere molte. Le si può provocare. Voglio dire che la felicità, una volta conosciuta, può essere ripetuta. Per esempio, scrivere non è altro che la ricostruzione di quell'involontario ma chissà come inevitabile atto di lettura o comprensione in cui il passato mi è apparso, per un istante, nella sua completezza, e a questo punto dovrei dire nella sua bellezza. Si scrive per dare durata all'istantaneità della beatitudine. E per sperimentare la bellezza, per sentirsi capaci di crearne. In questo, principalmente, sta la felicità.

Come si esprime questa felicità che dico? Fisicamente. Il cuore batte più forte, ma il respiro si regola. Le preoccupazioni crollano. Il mondo circostante si allontana. I pensieri procedono al rallentatore, o addirittura si sospendono, sostenendosi a vicenda, in una specie di riposante equilibrio. Diventiamo ospiti nella nostra casa. Com'è bello all'improvviso quel vaso di rose vecchie! Com'è giusta la luce della lampada sul disegno del tappeto! E la sera com'è perfetta sopra i tetti con quell'azzurro irrappresentabile! O ci si sente come in treno, quando tutto corre e passa, tranne il nostro sguardo: i campi di granoturco, il fiume celeste, l'ombra dei monti, i pali della luce, le erbe, le nuvole... Potrei quasi dire che la felicità sia una forma di concentrazione, dove il centro siamo noi, il nostro battito cardiaco. O ispirazione. Un'ansia, con il respiro, invade il petto e le mani si raffreddano. È come se qualcosa stesse per accadere. Invece, è già accaduto – un'immagine è apparsa nella memoria. Il mosaico si è completato. Tra un po' ritornerà a essere un mucchio di pezzi confusi. Quel che importa è che si sia completato per una volta. Come? Auguriamoci che succeda un'altra volta. La felicità passa con il passare dell'immagine. Però resta la fiducia che quell'immagine possa riformarsi, o un'altra. Tra una felicità e un'altra c'è o ci dovrebbe essere quella fiducia, anche se la vita è piena di dispiaceri, di malattie e di troppi concorsi.

Un'altra cosa non condivido della poesiola di Pascoli – il credere che esista una felicità uguale per tutti; che Laura o Angelica siano amabili per tutti. La felicità degli altri mi interessa moltissimo. Forse è la cosa che più mi interessa al mondo, vedere attraverso quali procedimenti gli altri cercano di essere felici, anche se nella maggior parte dei casi non ci riescono e sentono, quando proprio non se ne rendono conto, che si stanno solo ingannando. Ma non credo affatto che esistano modi comuni per esserlo. E anche se penso che il mio modo di essere felice – cioè concentrarmi, cioè capire il tempo passato, cioè sostenere lo scorrere dei giorni e degli anni e vedere compiersi la mia vita come una cosa – possa valere per gli altri o avere una qualche utilità per chiunque, neanche mi sognerei di affermare che gli altri possano o debbano condividermi. Nessuno è in grado di dare consigli sulla felicità, a meno che non si chiami Buddha, Epicuro, Seneca, Cristo, Freud. Ma neanche loro, credo, risultano del tutto convincenti. Ognuno di loro, alla fine, parla per sé, parla dal suo tempo e dalla sua realtà. La felicità affonda le sue radici nella storia. Non è concepibile come assoluto, se non a patto di umiliare l'esperienza vissuta, l'importanza degli eventi e del corpo.

A proposito! Quando si parla di felicità, il pensiero si sposta subito sullo spirito – o sulla psiche, comunque vogliamo chiamarla. È uno "star bene interiore". E non consideriamo quanto quel benessere impalpabile, ineffabile, irrazionale sia intimamente legato allo stato del nostro corpo. La felicità che io dico diventa un'idea assurda, addirittura ridicola in presenza di una forte sofferenza fisica. Niente come il dolore distrugge il pensiero del passato e schiaccia la memoria sulla superficie del momento presente. Avere male significa dimenticare la nostra storia. E ciò è così vero che, nei momenti di requie dal male, la mente subito si rifugia nel passato e, se proprio non si culla nei ricordi infantili, almeno tenta di scoprire l'*origine* del male, un punto di partenza nel tempo. Le opinioni di Leopardi sul *ricordare* formano proprio una teoria della felicità. Sempre Leopardi diceva che scriveva poesie per leggerle da vecchio – quasi fossero state fiale o carte assorbenti in cui catturare il fuggevole profumo della giovinezza.

Come si vede, la mia idea di felicità si fonda sul culto del passato – mio o non mio (oltre alla mia vita, ci sono i libri, che valgono altrettanto). E rifiuto il suo opposto – il culto del futuro. Rifiuto la speranza. Come si fa a vivere senza speranza, si dirà? Non si vive, infatti. La speranza è attesa (in più lingue, a cominciare dal greco, c'è una stessa parola per le due cose). Noi viviamo aspettando domani. Il mondo si fermerebbe se non presumessimo d'essere ancora domani, cioè se non sperassimo. Ma la speranza non ha niente di certo. La memoria sì – o almeno, se non vogliamo chiamarla memoria, quella subitanea intelligenza della nostra vita. La felicità che intendo è qualcosa di certo, di immutabile, perché poggia sulla storia. Si può distruggere, ma non trasformare. Anzi, è fatta per dissolversi, ma torna e, quando torna, si afferma con la medesima incontestabile verità – una verità che fa bene. Un segreto che si rivela, e ci mostra, con la soluzione non cercata, anche quanto inconsapevolmente abbiamo vissuto fino a quel momento.

Essere felici, alla fine, è contare sulle proprie forze; e queste ognuno le valuterà da sé. Bisogna compiere la fatica di conoscersi, di ri-conoscersi, come se, di punto in bianco, il nostro essere ci venisse incontro tendendoci la mano! Il fantasma non è Angelica, ma noi stessi. Forse dietro alla grande mitologia della psicanalisi freudiana c'è proprio la ricerca di una felicità eroica o titanica. Chi cerca la felicità è uno che si cura. L'esercizio della felicità – quella fiducia che dicevo – è un tipo di terapia che pratichiamo su noi stessi; la fiducia, alla fine, che, per quanto sempre più vicini alla morte, non viviamo invano.

Feltre

...fidarsi poco

Francesco Guicciardini

Nei mesi che precedettero il concorso di Salerno mi sentii ripetere da quelli che conoscevo nel giro accademico che ero stato vittima di una grave ingiustizia e che Corona mi doveva un risarcimento.

Io non credevo più a niente e a nessuno. La finta solidarietà di certi mi lasciava indifferente. Di Corona non avevo alcuna fiducia, né lo avevo mai considerato – se non per colpa di Peppe Nervo – uno del quale dovessi averne. Al concorso di Salerno mi sarei iscritto ma non mi aspettavo affatto di vincerlo.

Verso la fine dell'estate del 2003 ricevo, a sorpresa, una telefonata di Corona. Stavo passeggiando con mio padre intorno allo stadio. Corona voleva dirmi che a Feltre, che ospitava da alcuni decenni una sede della IICC, il posto di Letteratura comparata era divenuto vacante. Il supplente (il posto, infatti, non era mai stato messo a concorso) era da poco diventato ordinario altrove. Lo avrei sostituito io, a partire da settembre. Era scontato che accettassi. Accettai e, non appena rientrai a casa, mi misi a cercare Feltre sull'atlante stradale.

Corona non aveva parlato né di concorsi né di trasferimento. Ma quell'"invito" non poté non spingermi a vedere in Feltre una soluzione ai miei problemi. Ecco il quadro che si formò nella mia mente, lì per lì, mentre Corona mi congedava e io correvo dietro al mio povero padre malato:

comincio a Feltre da supplente, vinco l'idoneità a Salerno, Feltre mi chiama e vengo trasferito. Palermo, addio! Va riconosciuto che a una simile fantasia mi portava legittimamente la situazione che si era venuta a creare. Io non avevo fatto nulla perché così fosse, ma così era. Dovevo accettarlo. Dovevo fidarmi. La cosa importante era che mi togliessi da Palermo. Feltre non era certo Milano, o Pisa o Padova, cioè non offriva né il vantaggio della vicinanza né presentava l'attrattiva del prestigio, ma era meglio di niente.

Feltre, nonostante si sia rivelata solo una stazione temporanea nel lungo viaggio verso la vera meta, ha rappresentato senz'altro un approdo felice. Se non altro, infatti, la supplenza feltrina mi autorizzava a non scendere più a Palermo. Di questo, certo, i palermitani erano ben contenti. Loro meno mi vedevano meglio stavano. A me stesso, a quel punto, andava bene non buttare il mio tempo in quel luogo ostile e frustrante. Io, però, mi ostinavo a pensare che a Palermo si trovasse il mio lavoro e che, dunque, avessi bisogno di una buona scusa per non andarci più. In realtà, con o senza Feltre, io me ne sarei potuto stare tranquillamente altrove, e di sicuro nessuno a Palermo avrebbe avuto niente da ridire. Sembrava davvero una situazione idilliaca: lo stipendio mi arrivava alla fine di ogni mese e a me non era richiesto alcun servizio né alcuna presenza. Ne approfittai. Passai lunghi periodi a Berlino e ad Amsterdam. Studiai e scrissi con una costanza e con un'intensità che non avevo mai avuto prima, dalla mattina alla sera, ogni giorno; con una libertà davvero invidiabile, come mi rinfacciava qualcuno. Eppure, sentivo che quella non era libertà. Solo un irresponsabile chiamerebbe libertà l'emarginazione cui venivo costretto. Io stavo subendo una violenza, e anche se per carattere sono portato a volgere a mio vantaggio, per quanto sta in me, anche le condizioni più sfavorevoli, resta che io ero vittima di un torto, un gravissimo torto. Avevo vinto un posto all'università e mi veniva impedito di occuparlo.

Nora

O me iterum felicissimum

LEON BATTISTA ALBERTI

Da anni si diceva che la sede di Feltre fosse sul punto di chiudere. Le iscrizioni calavano vertiginosamente di anno in anno. Ma, chissà, sospirava Eugenio, il bravissimo libraio, forse la salvezza sarebbe arrivata da qualche imprenditore locale.

"Alcuni i soldi non sanno più dove metterli," mi confidava, allargando i begli occhi azzurri.

L'ultimo al mondo che desiderasse la chiusura di quella sede universitaria adesso ero io. In Feltre riponevo tutte le mie speranze. Io, come ho detto, odio il concetto di speranza, ma in quegli anni, con vergogna, mi tocca ammettere che, sì, speravo.

Colleghi, a Feltre, in pratica non ce n'erano. Esistevano molti altri come me, che andavano e venivano. Ma siccome insegnavano in altri giorni, non si vedevano. Nel palazzo dell'università, quando passavo, trovavo gli studenti e il cosiddetto personale ausiliario, due o tre giovani uomini, che si distinguevano per la buona volontà e per la serietà. Non solo a Palermo non avevo mai trovato persone così capaci e così gentili, ma Palermo mi aveva tolto dalla mente che persone del genere potessero anche solo esistere da qualche parte.

L'unica collega che conobbi fu Nora Capello. Questa bella signora dall'aspetto di ragazza, che lì insegnava Letteratura italiana da quasi vent'anni (l'unica che fosse di ruolo a Feltre), venne da Venezia, dove abitava, apposta per conoscermi. Sentita la mia situazione, subito vide nella supplenza che mi era offerta il prodromo di un trasferimento. L'idea l'appassionava, perché era convinta che la mia presenza avrebbe fatto bene a Feltre. Parlava con uno strano accento, un misto di siciliano (era nata a Messina) e veneziano, che contribuiva al suo fascino, distinguendola da chiunque conoscessi. Mi chiese di entrare nel comitato del Centro di studi veneti, che aveva sede a Feltre, e io, pur non essendo uno studioso di letteratura veneta, accettai con piacere. Grazie alle riunioni periodiche del centro potei incontrare Nora diverse altre volte. Immancabilmente ne apprezzavo la signorilità, la generosità, l'umanità. Non chiedevo di meglio che avere una collega come lei. Fu così buona da mettermi a disposizione la sua automobile, che teneva parcheggiata a Feltre. Ma io non ne approfittai mai. Mi ripromettevo puntualmente di esplorare la zona, di salire almeno a Cortina, ma poi finiva sempre che rientravo in fretta a Milano, appena terminata la lezione.

Nella mia memoria Feltre si è fissata con i caratteri di una rassicurante scenografia. Di qua è dipinto l'albergo Dorelli, di là il palazzo dell'università, più avanti la trattoria e la libreria e sullo sfondo la cittadina medievale. Dietro, le montagne.

Gli studenti, in generale, non eccellevano, ma erano tutti molto gentili e amichevoli. Ricordo con particolare piacere un gruppetto di ragazze, che della mia materia si erano innamorate e all'esame avevano preso ottimi voti. Va detto che la Letteratura comparata era obbligatoria, dunque per molti studenti rappresentava una gravosa costrizione. Quella, infatti, non era una Facoltà di Lettere, ma di Scienze della formazione. Chi ci si iscriveva non aveva alcun interesse per i libri, ma pensava a trovare un lavoro nella pubblicità o nel commercio. Pochi erano quelli che avessero un diploma liceale.

Mi rimboccai le maniche e cercai di appassionare gli

studenti nel modo più semplice e più sicuro: tenni un corso sull'America. Fu un successo. Io mi divertii un mondo. Misi in programma, tra le altre cose, *America primo amore*. Non ricordavo quanto fosse interessante. Rileggerlo mi entusiasmò a tal punto che comprai tutti i libri di Soldati e li divorai nel giro di qualche giorno. È uno dei nostri grandi, nonostante quel modo di scrivere. Ma la sua forza sta nel racconto, non nelle parole. Avesse creduto meno nello stile, sarebbe potuto diventare uno Stendhal italiano. Ma non fu nemmeno un D'Annunzio. E, dibattendosi tra queste opposte sirene, rappresentò qualcosa di fondamentale, la confusione dei desideri – l'attrazione e la ripugnanza, l'amore delle donne e quello degli uomini, la fedeltà e la gelosia –, e osservò la realtà con gli occhi del romanziere, non del giornalista o del memorialista, sfuggendo sia alla cronaca sia al compiacimento dell'uomo di mondo, ma non, per fortuna, al richiamo dei classici, antichi e moderni. Virgilio è un suo autore. Troviamo che lo legge nei posti più strani, in una camera d'albergo americana o sul treno per Lourdes.

Di Feltre mi piaceva tutto. Mi piaceva già solo arrivarci. Il viaggio durava quasi cinque ore e non era diretto, ma non mi stancava. In pratica ci mettevo più che ad andare a Palermo, ma mi pesava molto meno. A Padova cambiavo e prendevo il locale, che mi portava lungo il Piave, tra i monti e i boschi. In una sua poesia Zanzotto aveva paragonato questo fiume a una vena aperta. Non potevo guardare quelle acque senza pensarci. Quel tragitto era una vivente cancellazione del paesaggio brullo e muto che mi si parava innanzi quando l'aereo toccava terra a Palermo. All'inizio lo avevo amato. Ero ammaliato dal color ruggine delle colline, dall'azzurro del mare, dalla diversità dell'aria, e il tratto d'autostrada che percorrevo in autobus in direzione di Palermo mi riempiva di emozione... Alla fine, però, non vedevo più né le colline né il mare né niente, ma solo il pezzo di guard-rail dipinto di rosso, che indicava le stragi mafiose.

Il viaggio verso Feltre era incantevole verso sera, quando le ombre scendevano dalle cime e inghiottivano le anse ghiaiose del fiume e l'acqua diventava da azzurra grigia. Una volta, chissà come, persi la mia fermata, e scesi alla stazione successiva, nel nulla. La stazione constava di un pezzetto di marciapiede mal illuminato, perso nella notte. Per fortuna, dopo meno di un'ora arrivò un altro trenino e passai regolarmente la notte all'ospitale Dorelli. Ma anche quel tuffo nel buio totale era stato bello e non mi aveva procurato alcuna ansia.

La Delia, la signora che gestiva l'albergo, era l'opposto dei suoi omologhi palermitani. Mi trattava con grande affabilità, come se mi conoscesse da molto tempo. Non la finiva con le cerimonie. Mi dava ogni volta una stanza diversa, volendomi far credere che fosse migliore di quella della settimana prima. Cercò anche di farmi credere che la mia tariffa fosse notevolmente scontata. E quasi ci riuscì, se non che, una mattina, per caso, la sentii dare gli stessi prezzi a un turista tedesco. La Delia era una gran furba; bugiarda, però simpatica. I miei amici padovani mi dicevano che i veneti sono falsi e ipocriti, ma a me il loro fare smanceroso, pur rivelando un fondo di inautenticità, non dispiaceva affatto. Lo mettevo a confronto con la freddezza palermitana, che mi aveva sempre un po' ferito.

Uno di quegli amici, il grecista Riccardo Carpi, mi aiutava a fare gli esami. Arrivava prestissimo la mattina, in treno da Padova, e mi raggiungeva al Dorelli per il caffè. Tutti e due eravamo contenti di vederci, e divertiti dall'ambientazione inconsueta. Tutto sembrava che fossimo lì a fare tranne che i professori. Ma la voce della servizievole, carezzevole Delia, pur sottolineando, con il suo forte accento dialettale, la nostra estraneità, ci spingeva ostinatamente a riportare il pensiero sul ruolo che rivestivamo, perché non si stancava di premettere ai nostri nomi il titolo accademico.

Interrogavamo per tutto il giorno. Unica pausa quella del pranzo. E poi, stanchi morti, si ripartiva nel tardo pomeriggio. In treno, seguendo il fiume, ci divertivamo a ricordare gli eventi della giornata. Molte risate ci ricompensavano della fatica.

A Feltre, una volta chiamato, avrei comprato casa, mi dicevo. La sera, dopo cena, passeggiavo per le antiche vie, nell'aria fredda, e ammiravo i palazzi e fantasticavo. Guardavo attraverso le imposte scostate e dagli alti soffitti cercavo di immaginare il resto. E mi domandavo: "Quanto costerà una casa così?".

Salerno

Plus hominibus reor adversam quam prosperam prodesse fortunam

BOEZIO

Homines, mihi crede, non nascuntur, sed finguntur

ERASMO DA ROTTERDAM

Arrivò anche il mio terzo concorso da associato. Era ormai la primavera del 2004. Prima mi era toccato andare a Palermo e a Firenze. Ora dovevo andare a Salerno. Come altri, troppi altri, avevo cominciato a far collezione di concorsi. E, come tutti i collezionisti, ricorrevo al portafoglio senza troppo domandarmi quanto giusto fosse. Un concorso costa non poco al candidato, specie se è uno che ha pubblicato qualcosa. Infatti, prima di tutto, vanno recuperati libri e articoli, il che significa comprare volumi e fotocopiare pagine e pagine. Si aggiungano, quindi, le spese postali. Il pacco dei titoli va spedito per raccomandata alla sede del concorso, ma è buona regola che lo stesso pacco sia spedito anche a ciascuno dei membri della commissione. Ci si mettano, infine, le spese di viaggio e quelle di pernottamento... e tanto dispendio quasi certamente per nulla.

A Salerno ero già stato una volta e ne avevo un ricordo positivo. Ci avevo ritirato un premio di poesia. In palio questa volta erano il solito posto e una sola idoneità. Il posto, ovviamente, come sempre, era del candidato locale, e Calvi, "ufficialmente", era lì per lui (in qualità di membro interno). La sua partita, dunque, si prospettava alquanto difficile, perché aveva ben due palline da mandare in buca. Gli altri commissari gliel'avrebbero consentito? O c'era lì qualcuno anche per me? Non sapevo niente, ma ripensai alle parole che Calvi mi aveva detto a Milano. Non mi aveva promesso che a Salerno mi avrebbe aiutato?

Scesi a Napoli in treno e passai la notte precedente il concorso a casa della mia amica Gabriella, pure lei accademica. A cena, parlammo inevitabilmente dei mali dell'università italiana, ai quali Gabriella era particolarmente sensibile, e il giorno dopo andai all'Università di Salerno, in macchina, con una sua amica, Carola Sarpi, che a Salerno insegnava Letteratura inglese. L'università non è in città, ma parecchio fuori, in una zona desolata. Non fosse stato per Carola, mi sarei depresso più di quanto già non mi sentissi. Carola non solo mi offrì il pranzo, ma, con ospitalità rara, mi lasciò il suo ufficio, dove passai il pomeriggio a preparare comodamente la lezione. La sera, in autobus, tornai verso la città, cenai con una cugina di Gabriella e mi ritirai in albergo. Infatti, non avevo trovato da dormire nei pressi dell'università. Ero finito nell'albergo dove alloggiava la commissione. La mattina me li ritrovai tutti nella sala della colazione. Si guardarono bene dall'avvicinarsi, ma Giulio Calvi, dal suo tavolo, ogni tanto mi lanciava un sorrisetto, o così mi pareva. Dopo l'incontro milanese, non lo avevo più visto.

Questa volta mi toccò una lezione sulla poesia moderna. Non avrei potuto sorteggiare argomento più vicino ai miei interessi. Di poesia mi occupavo da molti anni, fin da quando, in America, avevo cominciato a collaborare con la rivista "Poesia". A New York, oltre a studiare e a lavorare, traducevo una grande quantità di poeti americani e scrivevo saggi su di loro. Sui poeti, non solo quelli americani, continuai a scrivere anche dopo che ero tornato a Milano.

La poesia, per me, è stata un'educazione alla vita. Quello che so di me l'ho appreso componendo o leggendo versi. Ho già ricordato che scrivere poesia mi salvò, finché rimasi in America, dall'angoscia della dissoluzione. La scrittura poetica, anche dopo, e la traduzione dei poeti sono servite a mostrarmi la strada, sia quella già fatta sia quella ancora da percorrere, come una psicanalisi o una fede religiosa. Niente come la poesia mi ha indicato i miei errori. Ma la poesia mi ha anche consolato dei miei smarrimenti. La poesia mi ha insegnato ad avere rispetto delle parole. La poesia mi ha insegnato a stare solo, e a non subire la solitudine. Senza la quotidiana traduzione dei versi di Emily Dickinson, per esempio, Mondello non sarebbe stata per me il piccolo rifugio che fu.

Attraverso la poesia ho conosciuto storie e paesi. Attraverso la poesia ho conosciuto i poeti. I poeti non sono le loro poesie. A volte sono migliori, a volte deludono. Spesso sono maleducati e aggressivi. O lamentosi. O suscettibili e capricciosi. Se non isterici. O straordinariamente buoni e affettuosi. Gli italiani, a differenza degli americani o degli irlandesi, sono in genere spilorci. Se inviti un poeta italiano a cena, puoi star certo che verrà a mani vuote. Gli americani, se ti invitano a casa loro, ti danno da mangiare, altrimenti ti portano al ristorante. Paul Muldoon, a Princeton, la prima volta, mi imbandì una meravigliosa cena e Charles Simic incontrandomi a New York mi offrì la bistecca più succulenta del West Village.

Vizi e virtù a parte, a tutti i poeti che ho incontrato, in America e in Europa, anche ai più chiusi, riconosco un merito eccezionale: la capacità di parlare di sé. I poeti sono grandi narratori. E narrano non come narrano gli altri: i poeti, quando raccontano la loro vita, hanno sempre l'aria di raccontarti un segreto. Lo fanno per te! Ti consegnano qualcosa di prezioso e confidano che tu possa farne l'uso migliore. Quando un poeta si racconta, tu non sei semplicemente uno spettatore: sei un testimone. Lui non ti usa, ma lascia che tu usi lui. A Zanzotto sarò sempre grato per avermi raccontato, al telefono o in qualche incontro sporadico, a Pieve o a Milano, molti episodi della sua giovinezza. Ashbery, in un ristorante di Chelsea, per consolarmi di una delusione amorosa, mi raccontò in dettaglio le infedeltà del suo compagno (il quale, guarda un po' il caso, alcuni giorni dopo ci provò anche con me).

Il Poeta è l'opposto del Barone. Il Barone vuole a tutti i costi aver ragione. Il Poeta, al contrario, non fa nulla per aver ragione. La poesia è tutto tranne che ricerca di consenso. Il Poeta, come diceva Canetti, è sempre contro il suo tempo. Per questo non ha un ruolo nella società. Il Barone, invece, vive in funzione esclusiva della società; addirittura, pretende di crearne una. L'unico ruolo concepibile per il Poeta è quello che si dà lui stesso all'interno della sua stanza. Ma più che di ruolo bisognerebbe parlare di "rapporto" – il rapporto che il Poeta stabilisce con l'immagine di sé, in ogni momento della giornata. Il Barone, invece, non ha un'immagine di sé, ma solo l'immagine che ritiene che gli altri debbano avere di lui.

Il Poeta è all'opera ventiquattr'ore su ventiquattro. Anche il Barone potrebbe dare questa impressione; in realtà, gran parte della vita del Barone è una perdita di tempo. Il Poeta non smette un minuto di pensare al suo lavoro, e ogni minuto è utile. Anzi, il suo lavoro è principalmente pensare. Non a caso, è uno degli individui più affaticati. Pensa e ordina (il Barone, invece, briga e distrugge). E ogni tanto, quando la *madeleine* decide di funzionare – o la carota, come diceva un grande artista, Nicolas de Staël –, costruisce un pezzo dell'edificio.

Il Poeta detesta le distrazioni, non fa nessuna cosa tanto per farla, eppure rifugge dal calcolo (a differenza del Barone). Benché desideri il riposo, ha orrore della vacanza. Il tempo non gli basta mai. A letto va malvolentieri, pur desiderando l'arrivo dei sogni, e non si addormenta subito. E la notte sarà servita a qualcosa solo se avrà portato un suggerimento, un'ipotesi, utile almeno per il lavoro del giorno dopo.

Il Poeta è la creatura più minacciata e più paranoica della terra (i terrori dei Baroni sono, in realtà, vani capricci in confronto, perché il Barone non scommette su se stesso ma sugli altri e, alla fine, non gli importa di niente, solo di non farci troppo brutta figura). Per questo deve difendersi costantemente, oltre che dal rischio di distrarsi da solo, anche dalle intrusioni del mondo, che sono di mille specie e non si lasciano identificare facilmente (il Barone, invece, sa sempre contro chi e che cosa opporsi). Ci sono i parassiti, gli invidiosi, i malvagi – che il Poeta non riconosce subito, perché ha altro cui pensare, ma che a un certo punto deve pur ammettere che esistano. Allora, li vede dappertutto, va in confusione, si sente pieno di piattole: il Poeta è uno che si gratta. L'incertezza è la sua condizione, un interminabile duello con il vuoto e con la vanificazione. Il primo antagonista è l'oblio – quello stesso spazio indifferenziato da cui un'idea è nata. Senza uno sforzo mostruoso di concentrazione, è praticamente impossibile che un'idea diventi realtà, si divincoli dalla nebbia dell'ispirazione e trovi una forma visibile e duratura. Tra il pensiero e la parola si stende tutto un territorio insidioso, costellato di buche e di strapiombi, in cui la mente rischia di precipitare in ogni momento, accecata dalla troppa chiarezza, come un esploratore del polo. Non c'è solo l'oblio. C'è anche il suo contrario – l'abitudine, che rende l'idea, a un certo punto, irriconoscibile, così ovvia che il Poeta non ne distingue più i contorni né ne sente più l'urgenza o l'originalità. Come pensare sempre alla cosa più importante senza che questa diventi una delle tante cose importanti cui abbiamo già pensato e, quindi, solo un ricordo? Come tenere vive, vicine nella stessa dimensione, nello stesso tempo, la memoria e la vita presente? Come fare perché niente passi? Beati i Baroni, che queste domande non se le pongono, e ricordano e dimenticano solo quello che vogliono...

Il Poeta costruisce un'opera, ma attraverso l'opera cerca di costruirsi una vita. Questa è la sua prima preoccupazione, e per questo, forse, alcuni diventano Poeti (si prenda il termine nel significato generico di artisti della parola) – per paura di non avere una vita, di lasciare che tutto finisca senza un significato (cosa che non preoccupa minimamente i Baroni). Per paura di non capire. Anzi, di non aver capito – dato che il Poeta lavora sempre sul passato. Alla fine, c'è solo una domanda cui il Poeta cerca di rispondere con ogni suo gesto, con la lettura di migliaia di libri, con i viaggi e con gli amori, quella cui si riduce qualunque interrogativo della sua esistenza: da dove vengo?

Ai professori universitari la poesia e i poeti non interessano quasi per nulla. Nei dipartimenti di Letteratura comparata non si trovano corsi di poesia. I comparatisti, in Italia, si occupano, in pratica, solo di romanzi. La cosa ha dello sconcertante, ma alla fine si spiega con una ragione molto semplice: i professori universitari non capiscono nulla di poesia, né sanno niente dei poeti. Dunque, se proprio non sono costretti a insegnarla (come gli italianisti, che alla poesia non possono sfuggire), non la insegnano.

Feci quella lezione malvolentieri. Non avevo nulla da provare. Lezioni ne avevo già fatte abbastanza. Ero lì perché mi ci avevano portato loro. L'atteggiamento della commissione, comunque, fu simpatico. Tutti sembravano ascoltarmi con interesse, in particolare una certa Paola Sugo, che rivelò di conoscere approfonditamente le mie traduzioni della Dickinson.

Uscii dall'aula sfinito. Mi sentivo offeso, vuoto, inutile. Mi accasciai su una sedia, in corridoio, e a quel punto notai la presenza di un'altra persona. Era un signore brizzolato, tutto ansante e coperto di sudore, che andava avanti e indietro. Mi colpì, più ancora che il suo evidente disagio, la cravatta smisurata che gli copriva la pancia. Non riuscivo a togliere gli occhi da quella cravatta.

"Come sono?" balbettò.

All'inizio non capii.

"Come sono chi?"

"Loro!"

Intendeva i membri della commissione. E di colpo riconobbi in quell'uomo goffo, disorientato, disperato l'interno. Lo rassicurai. Gli dissi che, in ogni caso, lui non aveva nulla da temere.

"Lei è l'interno, no?" mi accertai.

E lui, passandosi il fazzoletto sulla fronte:

"Sì, ma non si può mai sapere".

Presi l'autobus e tornai a Salerno per la notte. "Mai più," mi ripetevo, nel letto dell'albergo. "Questo è l'ultimo concorso che faccio."

E così sarebbe stato.

Il dopo-Salerno

...ἀρχὰ ἄνδρα δείξει

ARISTOTELE

La notizia mi fu comunicata la sera stessa da Corona. Il posto non fu dato a nessuno, e furono assegnate, eccezionalmente, due idoneità: una al protetto di Calvi, l'altra a me. Dunque, nulla per l'interno. Inaudito! A questa soluzione bizantina la commissione arrivò perché Calvi non aveva voluto in nessun modo che il suo amico restasse senza idoneità. Dunque, Calvi aveva sacrificato l'interno. Il suo gesto avrebbe fatto epoca. Fu non solo un affronto all'ateneo salernitano, ma al sistema intero, che, per quanto sfasciato ed estemporaneo, teneva al rispetto di certi principi. Uno di questi principi era, appunto, che l'assegnazione del posto spettasse all'interno. Con quel gesto da eroe machiavelliano, Calvi aveva dimostrato di non curarsi affatto delle regole che il collegio dei Baroni italiani aveva imposto. E non per amore di libertà. Calvi, con quel colpo di mano, con quell'*errore*, aveva dichiarato, in buona sostanza, di sentirsi superiore a tutti (con due participi svetoniani, lo si sarebbe definito molto a proposito "bacchantem atque grassantem", un folle maneggione). Per lui sarebbe di certo cominciato un periodo di disgrazia, e non di gloria (sempre con Svetonio è il caso di dire che "non defuit plerisque animus adoriri", cioè a più di uno era venuta la voglia di ammazzarlo), se la dea Fortuna non avesse deciso di sistemare i giochi, come si vedrà, con una mossa ancora più sfrontata di quella sua clamorosa infrazione del codice baronale.

Il concorso di Salerno, però, non era concluso. Infatti, l'interno si era accasciato davanti ai commissari ed era stato portato d'urgenza in ospedale. Il presidente e gli altri commissari, temendo per la sua vita, avevano deciso di non firmare i verbali e di rimandare la conclusione dei lavori a data da destinarsi.

Passarono alcune settimane, durante le quali le sorti del concorso rischiavano ogni momento di capovolgersi a mio sfavore. Arrivarono pressioni alla commissione affinché desse il posto all'interno. Ma la commissione tenne duro. Finalmente i commissari tornarono a Salerno e le firme di tutti siglarono la conclusione del concorso.

Questa volta mi telefonò la gentilissima Sugo. Io stavo andando a Feltre. Il treno correva lungo il Piave. Il succedersi delle gallerie frammentava la comunicazione. Mi arrivavano parole smozzicate di congratulazioni. Dunque, sì, avevo vinto...

"Ho vinto," mi ripetevo, guardando il fiume.

Ora era ufficiale. Ma che strano modo di vincere! Arrivare al traguardo e non trovarci nessuno; anzi, aspettare che la giuria ti raggiunga per dirtelo. Ripensai alla cravatta dell'interno e la paragonai alla brutta coccarda che la Sugo mi stava appiccicando al petto.

"Grazie," le dissi.

Alla fine, mi spiegò, quel rinvio era servito a qualcosa: l'interno si era rimesso e i salernitani si erano pian piano abituati alla sconfitta. In cambio avevano ottenuto la libertà di non chiamare nessuno dei due idonei e di rimettere il posto a concorso l'anno dopo. Ci salutammo con una risata. Tutti e due, senza dircelo, pensavamo a quanto i salernitani dovessero detestare Calvi.

Quello stesso giorno, arrivarono anche le congratulazioni di Meneghetti. Mi disse che la Rosi, come si prevedeva, era stata chiamata a Palermo, "tutto sommato, con una certa celerità"; per cui adesso era professore associato a tutti gli effetti. Lo stesso era avvenuto all'altro idoneo. Il secondo avendo vinto direttamente il posto, era entrato in servizio quasi subito.

Salutai Meneghetti e chiamai la Rosi. Anche lei sapeva già che avevo vinto. Balbettò che stava per telefonarmi. Ci facemmo le congratulazioni e ci ripromettemmo di bere presto un bicchiere insieme.

Poche settimane dopo, a Milano, alla IICC, dunque a casa di Corona, si riunì l'Associazione nazionale dei comparatisti italiani. Migliore occasione non mi si sarebbe potuta offrire per presentarmi davanti a tutti i membri del raggruppamento disciplinare nella mia nuova veste di idoneato. Pur puntando su Feltre, mi tenevo disponibile ad altre eventuali chiamate (nella mia ingenuità ancora credevo che avrei avuto l'imbarazzo della scelta). Mi sarebbe piaciuto lavorare in un'università più grande. Soprattutto avevo voglia di insegnare in una Facoltà di Lettere.

Rividi la Rosi e rividi... Fecaloro! Proprio lui. Si faceva strada tra i Baroni del Nord come se cercasse qualcosa. Che ci faceva Fecaloro alla riunione annuale dei comparatisti? Qualcuno mi spiegò che Fecaloro aveva nel frattempo abbandonato la Germanistica (dopo aver chiuso un concorso che gli stava a cuore) ed era passato a Letteratura comparata. Finalmente la Molina avrebbe ottenuto il tanto agognato posto da ricercatrice, pensai. Fecaloro, quando capì che avevo intenzione di salutarlo, si voltò dall'altra parte. E di colpo, dopo tre anni, la verità mi si mostrò nella sua semplice chiarezza. Fecaloro mi aveva messo all'angolo per pura competizione. Lui sapeva da prima che io arrivassi che sarebbe passato a Comparata. Dunque, aveva sempre visto in me un antagonista, il gallo rivale (la Rosi era donna e, pertanto, non valeva).

Avevo portato un paio di bottiglie di champagne. Che idea! A ripensarci divento rosso. Dovevo aver perso ogni riferimento. Io che offrivo da bere a quelle persone! Io che, anche solo ironicamente, potevo credere che la vittoria salernitana meritasse un brindisi! Che cosa avevo in mente? Una cosa di sicuro: chiudere con Palermo. Dimenticare Palermo. Io volevo, con quella bottiglia, sancire la fine del periodo più umiliante, più degradante di tutta la mia vita professionale. Non andò proprio così. I Baroni, che sono grandissimi scrocconi, videro in quelle bottiglie non un simbolo della mia riscossa, ma un prezioso liquido di cui abbeverarsi all'istante. Bisognava vederli... Allungavano i bicchieri come fossero dannati dalla sete. Era triste vederli, e lo spettacolo più triste lo offriva il veronese, quello che a Firenze aveva ucciso la mosca con il volume della mia Letteratura comparata. Lui allungava il bicchiere con un'aria di disperata bramosia. Sapeva di non meritarlo, ma lo pretendeva. Con il bicchiere debordante si ritirò in un angolo. E alla fine, con uno sguardo rasserenato, mi sorrise. Sorrideva per il piacere che gli dava lo champagne, credo, non perché quel vino venisse da me. Svuotato il bicchiere, si era bell'e dimenticato di me e del resto.

Questa è un'altra caratteristica dei Baroni: che la loro memoria storica non si trasforma in coscienza, cioè in uno stato permanente del pensiero; ma sprofonda e riaffiora secondo la necessità o, meglio, l'utilità. Un Barone, insomma, ricorda solo quando è costretto a ricordare. Di dimenticare non si vergogna. Per tale motivo, il mancato rispetto dei patti non costituisce assolutamente per il Barone un problema morale. Il Barone promette e non mantiene, e non per questo si crede meritevole di rimprovero. Lui, per un prodigio psicologico le cui radici non saranno mai portate per intero alla luce, si sente sempre in credito. Le cose gli sono dovute. Lui non deve nulla. Lui concede, accorda, dona, e con i suoi simili scambia. E se non dà, non è perché non possa (come, in realtà, accade, poiché i Baroni sono tanti e il bottino da spartire non basta per tutti), ma perché tu non sei degno delle sue concessioni. Per cui vivi sempre nel dubbio di aver commesso qualche fallo, di averlo urtato, di non essere stato servo sufficientemente solerte. E allora quanto meno ricevi e sospetti che riceverai, tanto più ti abbassi e rinunci a te stesso. Molti si sono legati al Barone con simili patti. E non hanno ottenuto l'eterna giovinezza; hanno perso l'unica che la vita gli avrà mai donato.

Alla riunione milanese incontrai anche il fidanzato della Carnazzi. L'avevo conosciuto un anno prima a un convegno, in Romagna. Finse di non riconoscermi. Mi ripresentai. Disse:

"Proprio non so chi sei".

Invece lo sapeva benissimo. E mi voltò le spalle. Pure lui bevve il mio champagne. La Rosi, invece, si rifiutò di brindare, nonostante la promessa che ci eravamo fatti al telefono. Disse che lo champagne a mezzogiorno le dava un cerchio alla testa.

A Milano vidi tutti i Baroni, dal primo all'ultimo, dal più grande al più piccolo (tranne Peppe Nervo, che nel frattempo aveva rotto con Corona – ma presto, inutile dirlo, si sarebbe riappacificato con lui: gli odi tra i Baroni non durano a lungo, perché non servono a nessuno. Si odiassero un po' di più e un po' più tenacemente, il sistema entrerebbe in crisi, e la baronia, alla lunga, si ridurrebbe di dimensioni e magari si estinguerebbe). Nessuno di quelli che incontrai fece il benché minimo riferimento alla mia idoneità. Già quel giorno avrei dovuto capire che niente, per me, era cambiato. Nessuno mi voleva. Ero solo una grana. La cosa più semplice era lasciarmi al mio destino, lasciare che con me se la vedesse Palermo.

Padova

Sperar ben si dé' sempre

BATTISTA GUARINI

A volte, tornando da Feltre, facevo sosta a Padova. Pranzavo con i miei amici antichisti e poi, a metà pomeriggio, riprendevo il treno per Milano. Riccardo Carpi, prima dell'estate, mi presentò a Sergio Magnoni. A quel tempo Magnoni dirigeva il dipartimento di Italiano. Di lui avevo sentito parlare da una comune amica fiorentina, ma non l'avevo mai incontrato. Anche Magnoni era un Barone, però – cosa rara per uomini della sua specie – non gli mancava la passione per lo studio e per la letteratura (in questo assomigliava a Calvi). Nel suo campo, che era la cultura barocca, aveva acquistato una certa reputazione e cercava di fare altrettanto come scrittore. Da giovane aveva pubblicato un paio di gialli e, di recente, un saggio di fantapolitica. Adesso si era messo in testa di fondare una rivista letteraria. Riccardo aveva già fornito qualche traduzione da Euripide per il primo numero, che ancora non si sapeva bene né quando sarebbe uscito né che cosa avrebbe contenuto. Magnoni chiese anche a me di collaborare. Non aveva le idee chiare. Tutto gli andava bene. Lui sapeva solo che aveva a disposizione alcuni fondi ministeriali e che li doveva spendere per mettere in piedi una rivista.

Presi in mano la situazione e cominciai a pensare all'indice del primo numero. Nel giro di una settimana raccolsi, da varie parti, poesie, saggi e qualche racconto. Magnoni approvò ogni scelta con prontezza e gratitudine. Allargammo il comitato di redazione, coinvolgendo alcuni dottorandi, e decidemmo il nome. La rivista si chiamò "Orlando", come il romanzo di Virginia Woolf. Io amo la Woolf, ma non quel romanzo. Mi opposi fermamente a una simile scelta. Ma Magnoni fu irremovibile. Per ragioni a me ancora ignote, adorava *Orlando*. Alla fine cedetti e quel titolo, dopo tutto, non mi parve neppure così sbagliato, dato che la nostra rivista veniva al mondo senza una vera fisionomia, pronta ad assumere quella che il caso si degnasse di imporle di volta in volta.

La scarsa disponibilità di denaro ci costrinse a ripiegare sul formato elettronico; e la penuria di materiale a optare per la pubblicazione trimestrale. Magnoni affidò la cura editoriale a un tecnico dell'università, che non costava niente. Il primo numero uscì alla fine di giugno. Un elegante editoriale di Magnoni salutava trionfalmente la nascita di "Orlando" e gli augurava lunga vita. In realtà sapevamo tutti che "Orlando", diversamente dal suo omonimo romanzesco, era ben lontano dall'ottenere il privilegio di durare attraverso i secoli. Già temevamo di non avere di che sostentarlo fino alla prossima uscita. Magnoni era troppo occupato dagli affari accademici per potersi dedicare seriamente alla crescita del suo progetto. Riccardo pensava solo alla letteratura greca e io, a Milano, ero preso da altre faccende. Da anni lavoravo a un romanzo cui non riuscivo a dare una struttura soddisfacente. Né avevo mai smesso di scrivere versi e di tradurre i poeti. In quel periodo, per di più, incominciavo a tradurre Ted Hughes. Entro tre anni avrei dovuto consegnare all'editore Mondadori le versioni e i commenti di centinaia di poesie.

Le riunioni dell'"Orlando", nonostante la scarsa convinzione di tutti, avvenivano in un'atmosfera grave e concentrata. Magnoni indossava la maschera del Barone – voce sostenuta, mezzi sorrisi, telefonino all'orecchio – e noi altri (io, Riccardo e i dottorandi) lo lasciavamo fare. Era buffo, almeno per me, vedere un Barone calarsi nei panni dell'editor. Viene da chiedersi se i Baroni non siano tutti artisti mancati, o qualcosa del genere. Forse, chissà, basterebbero un pennello e qualche tubetto di colore a risolvere i mali dell'università italiana.

Dopo la riunione si andava in trattoria. Pagava Magnoni, o meglio il dipartimento. Le risate, la nuova compagnia, l'ambientazione ospitale di quegli incontri depositavano nella mia memoria tracce serene e luminose, che, nonostante la fine, non sono ancora dissolte completamente. Soli tra quelli che conoscevo nell'università italiana, Magnoni e i suoi seguaci brindarono alla mia vittoria salernitana. Io, a quella vittoria, fingevo di non dare peso (e in realtà, per me non si trattava di vittoria, ma solo di un passo *necessario* verso la liberazione). Con quelli di Padova, almeno all'inizio, stavo attento a non rivelare in quale situazione mi ero cacciato. Magari gliene avrei parlato un giorno, una volta che tutto si fosse risolto. Ero diventato superstizioso. Temevo che solo a pronunciare il nome di Palermo la mia vita si rovinasse. Ora per me esisteva solo Feltre. Solo di Feltre era permesso parlare.

L'ultimo viaggio palermitano

...io meglio i miei
casi di ogni altro intendo

LUDOVICO ARIOSTO

Da Palermo non arrivarono segnali. La notizia della mia idoneità si era certamente diffusa anche laggiù, ma tutti tacevano. D'altra parte, chi, laggiù, aveva mai voluto parlare con me? Io, però, non me la sentivo di far finta di niente. Bisognava che scrivessi a Fecaloro e alla preside. Il loro atteggiamento era ostile, ma, in via di principio, non era da escludere che sarei stato chiamato. Tutti gli idonei vengono chiamati dalla loro università (infatti, come ho già spiegato, la chiamata di un interno costa poco). Io, però, non lo desideravo. Una volta, sì, ero pronto a diventare professore associato a Palermo. Ora non più. Avevo visto che cos'era Palermo. Una chiamata mi avrebbe costretto a passarci ancora tre anni almeno. Non ne avrei avuto la forza. Certo, il ruolo di associato mi avrebbe messo in un'altra posizione. Avrei avuto potere: il potere di votare nelle assemblee e di venire eletto membro di commissioni. Ma i rapporti con il dipartimento, se pure ce n'erano mai stati, si erano interrotti. E Fecaloro, a Milano, sottraendosi al mio saluto (con una prontezza che ancora gli invidio), me l'aveva ricordato una volta per tutte. Comunque sentivo che occorreva far qualcosa. Quella situazione andava risolta, e non era certo con il silenzio che ci sarei riuscito. Io detesto il silenzio – quel silenzio. Il silenzio è l'arma dei Baroni: quanto più taci, tanto più

137

potere acquisti, perché costringi l'altro a mettere in dubbio se stesso.

Dunque, scrissi sia a Fecaloro sia alla preside. Lui non mi rispose. Lei si complimentò con me via email e tutto finì lì. Non fece nessun riferimento al problema della chiamata né mi chiese se avessi in progetto di trasferirmi altrove. Nulla, al solito.

Ero esasperato, ma la preoccupazione di venire chiamato d'ufficio (beata ingenuità!) era più forte dell'esasperazione. In ogni caso, come dovevo comportarmi in attesa che Feltre mi chiamasse? Solo la preside lo sapeva. Perciò, le chiesi udienza. Dopo molti scambi di email, che rivelavano quanto poco, in realtà, entrambi desiderassimo affrontarci, ci accordammo su un certo giorno e verso l'inizio di maggio tornai a Palermo.

Il dipartimento, nel frattempo, si era spostato da piazza Florio al cosiddetto Polo accademico, un complesso di edifici spaventosi, simili ai casermoni della Bucarest ceauseschiana, alle porte della città. Allora i collegamenti erano molto scarsi e difficoltosi (e immagino lo siano rimasti). Presi un taxi.

La preside occupava un grande ufficio, comodo e luminoso, dell'ultimo palazzo. Arrivò subito al dunque.

"Qui non ti vogliono."

Astutamente aveva usato la terza persona plurale.

Fu un sollievo sentirmelo dire. Anch'io non volevo loro, ma questo lo tenni per me.

"E nel frattempo io che faccio con Palermo?" mi informai.

"Che vuoi fare? Niente. Stattene a casa tua."

"Potrei tornare a fare gli esami," proposi.

"Ma che esami!" rise la preside. "Per te ormai sarebbe una *diminutio*! Abbiamo già abbastanza persone. Scusa se parlo francamente. Ora se non ti spiace, devo rimettermi a lavorare. Da Fecaloro non salire. Te lo saluto io."

In corridoio mi imbattei nella Molina. Lei, per la sorpresa di vedermi, fece un salto. Io riuscii a passarle davanti come fosse d'aria.

La sera ero già a Milano. "Con Palermo ho chiuso," mi ripetevo, allungato nella vasca da bagno.

Il giorno dopo, colpito da orrendi presagi, già mi domandavo: "E se Feltre non mi chiama?".

Ancora chiacchiere

A me par tutto l'opposto
GALILEO GALILEI

Cominciò un'altra attesa. Prima avevo atteso il concorso, ora attendevo la chiamata. Davo per scontato che sarebbe arrivata da Feltre. Da chi sennò? A Feltre insegnavo, a Feltre c'era bisogno di me, a Feltre mi aveva piazzato Corona... Della chiamata, però, lui, Corona, si rifiutava di parlare. Quando lo sentivo al cellulare, rimaneva sul vago. Fretta, in verità, non ce n'era. Così mi dicevo, per tranquillizzarmi. Davanti a me avevo ancora tre anni. Sapevo che nessun ateneo ti chiama subito. Tutti ti fanno sospirare per lunghi mesi. Conoscevo gente che era stata chiamata proprio allo scadere del terzo anno. Inoltre, il ministero quell'anno aveva bloccato le assunzioni e i trasferimenti. Per cui il mio periodo da idoneato si estendeva a quasi quattro anni. E in quattro anni qualcosa sarebbe successo. A nessuno avevano mai lasciato scadere l'idoneità. Sarebbe un controsenso, un'autorete. L'idoneità la prendi perché il sistema ha deciso di dartela. Come può il sistema che te l'ha data impedirti poi di usarla? Idoneità significa concorso, cioè gioco di potere, e i Baroni non buttano via le loro carte. Ogni carta è il frutto di una mossa meditata, ogni carta costa calcolo, energia, tempo... Questo mi raccontavo. E allora non consideravo che i Baroni sono anche grandi bari... Alcune carte non valgono niente. Io potevo tranquillamente venire sprecato.

I giornali della zona, alla vigilia del nuovo anno accademico, annunciarono la tanto temuta chiusura della sede
feltrina. Corona, inaspettatamente, venne in visita. A Feltre non veniva mai. La sua apparizione, perciò, aveva del
numinoso. Le segretarie erano sovraeccitate.

"Quello è Corona!" esclamava incredula la Carla, una
delle giovani, che Corona non l'aveva mai visto prima. "Così basso!"

Io lo vidi da lontano. Lo scortava un paio di fotografi.
Gli feci un saluto con la mano, al quale lui rispose con un
mezzo sorriso. Aspettai che si liberasse, ma, finite le foto
in piazza, salì subito su un'auto blu e non ci fu altra occasione per parlargli.

Il giorno dopo gli stessi giornali scrissero che la crisi
era risolta. Il rettore aveva convinto alcuni industriali a tirar fuori un bel po' di milioni. L'ateneo sarebbe ripartito
alla grande con la costruzione di una nuova sede, fuori
città. Ci sarebbe stato anche un campus e sarebbero stati
aperti nuovi corsi di laurea. Insomma, la situazione, come
per miracolo, si era ribaltata; e, apparentemente, in modo
definitivo.

Il libraio, che legava la sua sopravvivenza a quella dell'u-
niversità, mi confermò che gli industriali si erano impegnati a dare i soldi per la costruzione della nuova sede. Anche
Nora mi diede notizie confortanti: aveva parlato della mia
situazione con Corona.

Lo stesso, non mi sentivo tranquillo. Chiamai Scognamiglio. Lui era stato presidente della commissione salernitana. Chi meglio di lui conosceva le intenzioni di Corona?
Mi confermò che l'idoneità mi era stata data perché la spen-
dessi a Feltre.

Ma allora perché Corona non mi parlava? Eppure, quando voleva, lo sapeva fare benissimo. Come mi aveva telefo-
nato per comandarmi di prendere la supplenza, così avrebbe potuto telefonarmi per dirmi che la mia chiamata sarebbe avvenuta, prima o poi. Ero stanco. Non solo avevo
bisogno di stabilità – un bisogno che il peggioramento mentale e fisico di mio padre rendeva tanto più urgente –, ma

sentivo di aver già anche troppo lasciato che altri disponessero a loro piacimento della mia vita e del mio tempo. Era arrivato il momento di riprendere le mie faccende in mano. Era arrivato il momento di chiudere con Corona.

Cominciai a pensare... Chi conoscevo? A chi potevo interessare? Avrei dovuto pensare subito a Padova, ma Padova non mi venne in mente. Non mi piace chiedere a chi conosco. Detesto passare per profittatore. Con tutta l'ammirazione che ho per la filosofia di Francesco Guicciardini, io sono un pessimo servitore del mio "particulare".

Stampai da internet la lista di tutte le università italiane che insegnavano Letteratura comparata e Teoria della letteratura. Le sedi adatte non mancavano (ne individuai circa una ventina), ma io non avevo appoggi. Mi rivolsi ancora a Scognamiglio. Lui, con molta tranquillità, mi fece capire che lui a me non doveva niente. Era già tanto se avevo ottenuto l'idoneità.

Mi ricordai che un collega di Trento, una volta, avendomi sentito parlare di Virginia Woolf a un convegno, mi aveva fatto un sacco di complimenti e mi aveva detto che sarebbe stato bello avermi nel suo dipartimento. Lo chiamai. Gli dissi che avevo un'idoneità e che stavo cercando una sede che mi chiamasse.

"E Palermo?" mi domandò sorpreso.

"A Palermo non posso più stare."

Cominciò a mugugnare:

"Mmm... Uhhh... Mah!".

Disse che i soldi a Trento, per una chiamata, non mancavano, ma sarebbe stato impossibile imporre la presenza di un esterno. Ripeteva questa parola, "esterno", come fosse un termine tecnico. Così si ragiona, in Italia. Fanno strada solo gli interni, cioè i protetti. Non è sufficiente che ti dimostri capace. Questo collega mi aveva sentito tenere una conferenza e mi aveva apprezzato. Eppure la sua stima non sarebbe servita neppure a indurre la sua università a prendere in considerazione il mio caso. Per non dirmi di no subito, mi chiese di richiamarlo qualche giorno dopo. Lo richiamai e mi confermò che non c'era niente da fare. Nessuno avrebbe votato per me.

In quegli stessi giorni mi telefonò, a sorpresa, la Paola Sugo.

"Ti interesserebbe venire a Napoli?" mi domandò allegramente (il buonumore era una delle caratteristiche più spiccate di questa signora).

Intendeva dire che c'era la possibilità che la chiamata me la facesse Napoli, dove lavorava lei. Subito capii. Quella proposta non veniva da lei, ma dallo stesso Corona, il quale, evidentemente, aveva deciso di non chiamarmi a Feltre (in quella fase, si preoccupava ancora di trovarmi un posto che non fosse Palermo). Infatti, come avrebbe potuto la pur solidale Sugo propormi una cosa simile di propria iniziativa?

"Certo che mi interesserebbe," risposi.

Così, per un breve periodo, vissi nella convinzione che Napoli sarebbe diventata la mia nuova città. La prospettiva non mi entusiasmava. "Ma almeno," mi dicevo, "me ne vado da Palermo. E lavorerò in un'università grande, in una Facoltà di Lettere..." Insomma, mi sforzavo di adeguarmi, di accontentarmi... I miei desideri, però, erano altri.

Un giorno, certo che la mia situazione non sarebbe cambiata presto, mi chiusi in casa e composi una proposta di ricerca per l'Italian Academy della Columbia University. La borsa mi avrebbe permesso di vivere a New York per un intero anno accademico a partire dal settembre dell'anno seguente, il 2005. Pieno di entusiasmo, senza più pensare ai miei demoralizzanti casi, mi procurai le lettere di presentazione necessarie e spedii il plico a New York. Allora, con quel che bolliva in pentola, lo si sarebbe detto un gesto irresponsabile. Invece fu un gesto lungimirante. Fu l'inizio della rinascita.

La morte

Turpe est odisse quem laudes
SENECA

Un evento improvviso venne a distrarmi dai miei sogni di fuga, dandomi per un momento la folle speranza (ancora l'infame parola!) che io l'idoneità l'avrei spesa a Milano, la mia città. Morì Calvi. Morì di un colpo, una mattina, di fronte a un bancomat. Si accasciò, come già l'interno salernitano. Ma lui, Calvi, non ebbe la fortuna di rialzarsi, mai più.

Lasciai passare qualche settimana e andai a trovare il preside di facoltà di Milano. Un collega mi aveva spiegato che l'associato del dipartimento sarebbe diventato ordinario, con un concorso, al posto di Calvi e il posto dell'associato sarebbe finito a qualcun altro. Perché non io? Non avrei fatto torto a nessuno, e la mia idoneità sarebbe stata spesa nella maniera più semplice. Io e il preside non ci eravamo mai incontrati prima a tu per tu, ma io lo ricordavo dai tempi in cui ero studente. Non era cambiato granché, a parte il modo di vestire. Lui, allora, era un semplice assistente e portava jeans e maglioni. Adesso indossava un bel vestito di sartoria. Parlai con sicurezza, senza girare intorno alle cose. Il preside mi ascoltò con un sorriso compiaciuto (i Baroni tendono a sorridere). Poi, in tono amichevole, disse:

"Il suo discorso, Gardini, non fa una grinza. In fondo, la sua chiamata ci risolverebbe parecchie grane. Eviteremmo di mettere in piedi un concorso. Ma...".

E qui si interruppe. Allargò il sorriso e riprese.

"Certo, mi dirà, è assurdo: abbiamo un idoneato che sta cercando una sede, la sua università se ne vuole liberare, a noi serve uno come lui, eppure non lo possiamo chiamare..."

"È assurdo, sì," mi sentii autorizzato a dire. "E perché allora non mi potete chiamare?"

Qui il preside smise di sorridere.

"Perché non sono questi i programmi."

Lettore, qui usa la tua immaginazione per dipingerti la meraviglia che mi rapì, per qualche istante, la mente. La vista mi si annebbiò. Il cuore mi si rivoltò nel torace come un pasto mal digerito. Avevo capito tutto, ma lo stesso domandai:

"Preside, senta, mi spieghi una cosa," non controllando più il volume della voce.

Il preside aveva l'aria di divertirsi un mondo a vedermi così. Rimase in silenzio e, di colpo, anch'io non trovai altre parole per continuare. Era arrivato il momento di separarci. Il preside si alzò e disse:

"Non si può fare niente, Gardini. Non è semplice come crede. Comunque, veramente, tanti auguri...".

Saffo

*...lo spirito pubblico in Italia è tale, che,
salvo il prescritto dalle leggi e ordinanze de'
principi, lascia a ciascuno quasi intera libertà di condursi in tutto il resto come gli
aggrada*

GIACOMO LEOPARDI

Al museo archeologico di Istanbul è conservata una testa di Saffo. Per me Saffo è stata, e ancora è, il nome stesso della poesia. Il mio sogno è tradurla tutta, dal primo al-
l'ultimo frammento. Saffo è un'immagine del tempo, che
l'ha distrutta e conservata, e il tempo è l'unica cosa che davvero mi interessi. Perciò, l'apparizione di quella testa – che
per espressività si distingue da tutte le altre immagini di
Saffo, antiche e moderne, di cui sono a conoscenza – mi
riempì di entusiasmo. Come dice Plinio il Vecchio, scoprire il volto di una persona che non c'è più costituisce una
delle felicità maggiori. Stavo pensando a quello che Leopardi scrisse sull'antichità di Saffo, e intanto mi sforzavo
di estrarre dall'immaginario volto di pietra (ritratto di un
essere che lo stesso scultore non aveva visto) qualche rive-
lazione di una realtà immemorabile, quando il silenzio della sala fu violato da uno squillo, un molesto, insopportabile segnale elettronico. Ci misi alcuni secondi per capire che
non era un allarme, ma la suoneria del mio cellulare. Mi affrettai a tirarlo fuori dalla tasca del cappotto e sul display,
un istante prima di spegnerlo, lessi *quel* cognome. Corona!
Proprio adesso? Ma dovevo rispondere. Quella poteva essere la telefonata che stavo aspettando da tempo! Mi ap-
partai e, mentre a bassa voce dicevo "Pronto", vidi attraverso i finestroni della sala che era cominciato a nevicare.
Che spettacolo! Era come se il bianco delle statue si stesse

trasferendo, direttamente dal cielo, al mondo e ogni cosa, ogni forma acquistasse la dignità invincibile del marmo.

La voce di Corona fu antipatica già nel saluto. Senza preamboli, limpida e sicura, nel suo inconfondibile accento, mi disse:

"Devi tornartene a Palermo".

Non era quello che mi aspettavo di sentirmi dire, ma, in fondo, non ero sorpreso. La telefonata della Sugo già mi aveva aperto gli occhi.

"Sai bene che non mi vogliono," dissi, senza neanche ricorrere all'arma dello stupore. "La preside mi ha detto di non farmi più vedere..."

Lui, mantenendo la calma, ma calcando sulle parole, constatò:

"Se tu scendi e resti, non possono negarti la chiamata".

"Ma io non voglio finire a Palermo!" urlai. Quella, ormai, era l'unica cosa che restasse da dire. "Che futuro avrei? Me lo dici?"

"Quello è il tuo posto," mi ricordò Corona, non so se riferendosi al passato o al futuro.

"E Feltre?" gli rinfacciai. "Non doveva aprirsi una nuova sede? Era inteso che l'idoneità l'avrei spesa lì."

Il Barone non chiamava per darmi spiegazioni o lasciarsi rimproverare da me.

Perché non mi voleva a Feltre? Semplice. Perché non servivo. E se a Feltre non servivo, per qualunque ragione (si vedrà quale), perché non mi chiamava a Milano? Non capivo. Alcuni sono negati per certe materie. Io ero negato per la lingua dei Baroni. Non la imparavo. Non l'avrei mai imparata. Eppure è tanto elementare...

Tornai alla statua di Saffo e la fotografai. Non ero turbato. Non ero preoccupato. Tutto, anzi, mi pareva più chiaro, e la chiarezza, qualunque cosa mostri, infonde tranquillità.

Uscii dal museo e passeggiai, con il mio amico, sotto la neve, che copriva ogni superficie a sorprendente velocità. Mi tornarono in mente le nevicate di New York. Mi tornarono in mente alcuni versi di Emerson che avevo tradotto molti anni prima, appena rientrato dall'America: "Announced by all the trumpets of the sky / Arrives the snow...". La poesia descrive una simile nevicata, fitta e inarrestabile, che sostituisce alle cose di sempre nuove, complesse architetture...

A Palermo non sarei mai tornato. Di questo ero certo. Corona mi aveva offerto, con quella telefonata, una grande occasione. A Istanbul, davanti alla statua di Saffo, avevo ritrovato la bussola.

Ma qual era, adesso, la meta?

La neve cadde così abbondante che tutte le strade ne furono ostruite. Il traffico si bloccò e noi, senza dispiacere, perdemmo l'aereo del ritorno.

Mater sapientiae

Πάππα φίλ᾽, οὐκ

OMERO

L'idea di lasciare definitivamente l'Italia forse era già entrata nella mia testa in quei primi mesi del 2005, ma non aveva ancora acquistato consistenza. Resistevo ad alimentarla perché mio padre stava sempre peggio e mia madre aveva bisogno di me. Non me la sentivo di andarmene via per sempre. Non ancora. Un conto era allontanarmi per un periodo, come speravo di fare presto, tornando a New York per un anno accademico; un conto ricominciare una vita dall'altra parte del mondo.

Il papà, dopo aver trascorso l'autunno in un ospedale, il Pio Albergo Trivulzio, era tornato a vivere con la mamma da qualche mese. Le terapie farmacologiche che gli avevano prescritto al Trivulzio sembravano funzionare. Era calmo e docile. Lui stesso, dopo la cena, chiedeva di esser messo a letto, e alle otto, come al Trivulzio, la mamma lo metteva a letto. "È buono," mi rassicurava lei, la sera, quando la chiamavo. La notte il papà si svegliava solo un paio di volte, per andare in bagno. Lei ce lo accompagnava e poi riprendevano tutti e due a dormire. Dormivano fino alle sette.

Alla prima visita dell'anno, cui assistei, la dottoressa lo trovò benissimo. Quel pomeriggio era destinato a rimanere uno dei più indimenticabili della mia vita. Qualcosa finì, anche se così non appariva al momento. Il papà, chissà come, era ancor più tranquillo del solito. Era perfino allegro e partecipe. Alla dottoressa, farfugliando e balbettando, parlò di Mantova, dov'era nato e cresciuto. Poi, d'un tratto, si avvicinò a mia madre e, come se recitasse una parte, con una dolcezza infantile, ma anche una determinazione solenne, le diede un bacio sulla guancia. Alla dottoressa, che non era certo una tenera, si inumidirono gli occhi. Anche mia madre si commosse. Il gesto di mio padre non solo rivelava che la malattia non aveva ancora avuto la meglio sui sentimenti, ma era una dimostrazione d'affetto assolutamente inusuale, quasi che la malattia lo avesse migliorato. Io non avevo mai visto mio padre baciare mia madre o farle una carezza.

Ma, come sa il poeta, basta un momento ad annullare tutto. La stessa sera il papà fu preso da una febbre violenta, che si prolungò per alcuni giorni. Qualunque cosa fosse, sembrava un'influenza. Quando passò, ogni segno di stabilità, ogni dolcezza in lui erano svaniti. Rimaneva il delirio. La tregua era finita. Riprendeva la guerra. E mio padre era, a un tempo, il soldato e il campo di battaglia. La mamma, per qualche giorno, tenne duro, illudendosi che l'equilibrio si sarebbe presto ritrovato. Ma non fu così. Occorreva rimettere il papà in un ricovero.

Questa volta ci pensò lei. Ne avevano appena aperto uno dalle loro parti. Si chiamava Mater sapientiae. Questo, a differenza del Trivulzio, non era un ospedale. Ormai di posti come il Mater sapientiae ne sono sorti parecchi nella sola città di Milano. Si assomigliano tutti. Ci sono gli stessi mobili chiari, gli stessi bagni moderni e attrezzati per le esigenze del malato, lo stesso lungo corridoio dove i dementi fanno avanti e indietro, notte e giorno, instancabili, e c'è il giardino con la fontana e un angolino con le panchine, dove, in estate, i famigliari si raccolgono e aspettano che arrivi l'ora della cena. Anche i prezzi sono più o meno gli stessi, esorbitanti.

Portammo il papà in visita al Mater sapientiae. Il direttore gli illustrò le meraviglie del luogo e gli rivolse alcune domande. Lui rispose, come poté. Ormai il linguaggio era compromesso. Però, con immensa fatica, riuscì ad articolare quello che più gli stava a cuore.

"Ci si può pensare?" domandò al direttore.

L'uso dell'impersonale e quel verbo, "pensare", nella bocca del demente che era diventato mio padre mi scossero come due esplosioni. Anche quella richiesta di permesso, quella docilità timida ma non passiva mi sconvolse...

"No," intervenni io, per quanto turbato.

Allora, lui, con uno sforzo ancora più grande, chiese: "E chi paga?".

Il romanzo picaresco di mio padre riprese. Ma il personaggio non era più quello dell'estate prima, il Bruno avventuroso del Trivulzio, che discorreva con i compagni di reparto e aveva perfino la capacità di trovarsi la fidanzata. Ormai Bruno aveva imboccato la strada della solitudine ultima. Non comunicava quasi più neanche con mia madre, almeno non a parole. Lei gli parlava, lo andava a trovare più volte al giorno, lo accudiva con il solito impegno, ma lui era sempre più lontano.

Con il permesso del direttore, lo portai fuori dal centro, a passeggio. C'era il mercato. Pensai che la vista delle bancarelle, i colori, i suoni, gli odori lo avrebbero stimolato, vitalizzando quel che non era ancora del tutto morto in lui. Ma il papà non era più in grado di essere stimolato da nulla. Le gambe gli facevano male. Si lamentava. Si fermava ogni dieci passi. Il sole gli dava fastidio. Non vedeva l'ora di tornare nella sua camera. Il mercato neanche lo notò.

Al Mater sapientiae mio padre mutò per sempre aspetto. La malattia, finalmente, diventò leggibile anche sulla sua pelle. Nelle stesse fotografie di quel periodo – le ultime di lui che scattai – si vede che il papà era malato inguaribilmente (invece, nelle fotografie che avevo scattato davanti al Trivulzio solo qualche mese prima mostra ancora l'aria di un uomo sano). L'appetito gli era rimasto, ma dimagriva. Deperiva. Al Mater sapientiae Bruno perse per sempre il sorriso. Sonnecchiava la maggior parte del tempo che duravano le nostre visite.

Ruppe gli occhiali da vista, dai quali era sempre stato inseparabile. La mamma gli diede in sostituzione un vecchio paio di occhiali da sole, graduati. Questi li perse subito dopo. Ruppe anche la dentiera. La ridusse in pezzettini. Il dottore ci disse che era inutile fargliene fare una nuova. Bruno l'avrebbe trattata allo stesso modo, come trattava anche molti dei suoi indumenti. Adesso, così appariva mio padre: catatonico, sdentato, malfermo sulle gambe.

La fortuna

Πολλαὶ μορφαὶ τῶν δαιμονίων
EURIPIDE

...animose parole, le quali mi vestirno di falsa isperanza
BENVENUTO CELLINI

Da Napoli non arrivavano inviti. Dopo quella prima proposta, che sembrava prospettare trasformazioni imminenti, la Sugo non si era più fatta viva. Ovvio. Ma volli contattarla. Quasi sorpresa che io contassi di venir chiamato dall'Università di Napoli, mi disse che era ancora presto per definire tempi e modalità per il mio eventuale trasferimento. Si dilungò su beghe interne, su non so più quali decreti ministeriali e, come capita soprattutto tra quelli di quasi nullo potere, su varie altre questioni che con il mio caso non c'entravano niente di niente... Insomma, mi fu data un'altra conferma che anche da quella parte la strada era chiusa.

Mi restava un'unica possibilità. Fino a quel momento non avevo voluto prenderla in considerazione, ma ormai non avevo più alternative. Dovevo parlare a Magnoni. Mi viene in mente quello che dice Vitruvio di sé, dopo aver condannato gli architetti che vanno brigando per avere lavoro: "Ingenuus color movetur pudore petendo rem suspiciosam", insomma, ci si tinge di vergogna quando si chiede aiuto in una faccenda "delicata". Nel mio caso, la faccenda era addirittura *suspiciosissima*. Si trattava di chiedere niente meno che la chiamata. Una simile richiesta significa pretendere che l'altro affronti, per te, fatiche e difficoltà enormi: prima, le resistenze della facoltà; quindi, il reperimento del budget che costituirà il tuo stipendio. Difendere la causa di un idoneato, cominciavo a capirlo, è forse più difficile che far conferire un'idoneità. Inoltre, a me Sergio Magnoni non

153

doveva proprio niente. Con che coraggio gli avrei chiesto di ottenere per me quello che altri mi dovevano e si erano impegnati, facendomi vincere un'idoneità, a darmi? Collaborare con la sua rivista, di per sé, non mi metteva in una posizione di credito accademico. Io, per il professor Magnoni, non ero merce di scambio. Non ero una carta da gioco.

Costretto dalle circostanze, trovai il coraggio necessario e, una mattina di giugno, dopo la pausa del caffè, gli spiegai la mia situazione. Lui ascoltò attentamente. Capì tutto. Accertatosi che Palermo non mi avrebbe fatto la chiamata, mi disse che lì, a Padova, in effetti, avevano bisogno di un comparatista. Da anni il corso di Comparata lo teneva un vecchio ricercatore, ma il dipartimento non era soddisfatto di lui.

"Con un po' di fortuna, forse, riesco a portarti a Padova," disse.

Bisognava, prima di tutto, conquistare appoggi e consensi, cospargere la pillola di miele e farla inghiottire alla facoltà. Quindi bisognava cercare i soldi. Ma quelli sarebbero saltati fuori senza difficoltà. Infatti, una certa legge Zecchino (guarda un po' che nome), di cui io non avevo mai sentito parlar prima, concedeva alle università soldi ministeriali per l'assunzione di docenti incardinati in altre regioni. Io rientravo senza dubbio nel caso previsto dalla Zecchino.

Magnoni mi promise di sondare il terreno e io, incredulo, ammirato all'inverosimile, mi affidai a lui. Il suo stile pacato, la lucidità delle sue analisi, la sua comprensione umana mi sembravano garanzie sufficienti. Era la prima volta che qualcuno si interessava alla mia situazione e si impegnava a darmi un aiuto concreto.

"Nota," mi disse Magnoni perché io non mi sentissi in debito, "che questo non lo faccio per amicizia, ma perché il dipartimento ha bisogno di uno come te."

La fortuna, quell'estate, continuò a favorirmi. L'istituto Palazzolo accettò la domanda di ricovero che io, prevedendo che le condizioni del papà sarebbero peggiorate, avevo inoltrato l'anno prima. Nella nuova sede, che avrebbe aperto a settembre, al papà era già stata assegnata una camera singola con bagno.

Arrivò pure, negli stessi giorni, una lettera dell'Italian Academy. Avevo vinto la borsa! Sarei tornato a New York! Non posso dire quanto fossi felice. Però, non riuscivo a esultare. Pensavo che a settembre mio padre avrebbe cambiato ancora casa e io, questa volta, non ci sarei stato ad accompagnarlo. La mamma mi disse di non preoccuparmi. Che io ci fossi o no, per il papà era lo stesso.

Magnoni, sentita la notizia della borsa americana, mi fece molti complimenti, ma mi disse che non potevo restare in America per un anno. La chiamata padovana, infatti, sarebbe avvenuta molto probabilmente nella primavera del 2006. Perciò, un po' a malincuore, ma senza proteste, rinunciai a metà della borsa, impegnandomi a rientrare in Italia per Natale. Avrei passato a New York solo quattro mesi. Pazienza. La cosa più importante, ormai, era la chiamata. Lettore, tieni a mente questo sacrificio. Più avanti, infatti, vedrai a quanto poco sia servito.

Le novità non erano finite. A metà luglio, Nora, la cara collega di Feltre, mi telefona e mi confida che a Feltre sono state decise le chiamate.

"Dunque?" domando ansioso, già vedendomi costretto a mandare a monte i piani cui avevo dato inizio.

Nora ci mette qualche istante a rispondere. Quindi, con un sospiro, dice:

"Il posto di Letteratura comparata non è stato dato a te. Mi dispiace tanto! Io e gli altri abbiamo insistito. Era scontato che toccasse a te. Era un tuo diritto. Che perdita per Feltre! La letteratura è finita! Quanto mi dispiace...".

Sembrava che parlasse a se stessa.

"A chi è stato dato il posto?"

Nora non ricordava il nome. Si trattava, comunque, di una donna. Avrei dovuto capire subito chi. E forse tu, lettore, più astuto di me, l'hai bell'e capito. Io, però, non ragionavo con la testa dei Baroni, né ero in grado di vedere o giudicare le cose dall'esterno. E se, ragionando con la mia testa, non mi sono risparmiato alcune brutte sorprese, come questa, almeno, per tutti quegli anni, ho evitato di perdere tempo in certe inutili fantasie o in macchinazioni e congetture. Per esempio, io non pensavo di avere nemici personali. In quel modo, pur peccando di ingenuità, riuscivo a non perdere di vista il mio vero obiettivo: trovare un lavoro adatto a me. Insomma, per tagliar corto, la chiamata da Feltre la ricevette, al mio posto, la solita Carnazzi. Il cerchio si chiudeva. Alla Carnazzi avevo portato via il posto da ricercatore a Palermo. Lei poi mi aveva portato via l'idoneità da associato a Firenze, e ora mi portava via il posto a Feltre. Dovevo essere stato il suo incubo in tutti quegli anni!

Dissi a Nora di non preoccuparsi. Mi ero preparato a questa fregatura e già avevo trovato una sede alternativa (per scaramanzia non le dissi quale). Inoltre, a settembre sarei partito per New York.

Nora, sollevata, ma incapace di lasciarsi andare all'entusiasmo, mi fece molti complimenti.

"Te lo meriti, bravo."

Più di tutto, più della stessa solidarietà che mi dimostrò apprezzai il fatto che Nora si fosse ben guardata dall'esortarmi a chiedere spiegazioni a Corona. Lei aveva capito chi ero. Non finirò mai di ringraziarla per tanto rispetto.

Prima di partire per New York, all'inizio di settembre, tornai a Feltre per l'ultima sessione di esami. E per l'ultima volta rividi il mio teatrino arcadico: l'albergo, il palazzo vescovile, la libreria di Eugenio. Rividi la Delia, che a colazione mi fece l'onore di servirmi il tè di persona. Sembrava triste all'idea che non sarei più tornato.

"Che peccato," disse.

"Già..." confermai, pur sentendomi già con la mente a New York.

"E lo sa perché?" mi domandò.

Non capii la domanda.

"Perché *cosa*?"

"Perché non l'hanno più voluta, professore..."

Le sorrisi, incerto se tanta impertinenza derivasse da ingenuità, da perfidia o da vera simpatia.

"Non lo so, Delia," tagliai corto.

In effetti, non mi importava più niente di sapere. E, poi, che c'era da sapere?

"Ci mancherà tanto, sa, professore..."

Per consolarla, le dissi che avrebbe continuato a vedere la professoressa Capello.

"Ma come, professore!" esclamò la Delia con gli occhi strabuzzati. "Non le hanno detto niente? La professoressa Capello è morta! Abbiamo fatto la cerimonia all'inizio di agosto, al palazzo vescovile. I bidelli reggevano le bandiere dell'università. Purtroppo eravamo in pochi. Cosa vuole, in agosto la gente va al mare, mica ai funerali. Lei sarebbe venuto? Povera professoressa! Pensi che era malata da tanti anni. Chi l'avrebbe mai detto? Ha avuto la forza di venire in università fin quasi al giorno prima. Io mica l'avrei detto che aveva un tumore. Per fortuna le avevo dato una camera comoda. Sa, professore, quella all'ultimo piano, che una volta avevo dato anche a lei. È la nostra stanza più bella. Va che è una meraviglia. Per questo non è quasi mai libera, o a lei, professore, gliel'avrei lasciata sempre..."

Lacune

...*altro parlando*

DANTE

Da lungo tempo ragionavo sulle mancanze, sulle omissioni, sulle lacune; da anni, forse fin da quando cominciai il liceo classico, che abitua l'immaginazione ancora bambina, con lo studio del latino e del greco, all'esistenza dei frammenti. Le nostre vite, come testi di civiltà morte, sono percorse e avvolte dal vuoto, che noi, in un modo o nell'altro, coscientemente o no, tendiamo a colmare, in ogni momento della giornata, come filologi. Il nostro cervello è un filologo: corregge, riempie, raccorda. Il cervello inventa. Se non lo facesse, non ci sarebbe continuità tra le esperienze. Le sensazioni sarebbero stimoli assurdi. Non riconosceremmo gli amici, non riconosceremmo noi stessi. Non avremmo, come si dice, un'*identità*.

Il declino mentale di mio padre acuì il mio interesse per i procedimenti della letteratura. In un certo senso, me li rese più manifesti. La letteratura parla del mondo, e lo fa *non* rappresentando la totalità, che sarebbe impossibile, ma selezionando certe parti del tutto e suggerendo quel che manca. Il risultato della selezione è quel che chiamiamo trama. Noi diciamo che leggiamo storie, invece non leggiamo che trame, cioè un racconto imperfetto e deficitario. Una storia non esiste se non come illusione, cioè costruzione della nostra fantasia. Ogni racconto, alla fine, è un racconto poliziesco. All'idea del tutto ci avviciniamo con l'immaginazione, non con l'osservazione diretta. Noi sappiamo che Odisseo ha un passato, ma Omero non ce ne parla. L'*Odissea*, come già notava Aristotele, è formata, pur nella sua lunghezza, da una serie di eventi scelti. E così anche il pellegrino chiamato Dante, del suo viaggio ultraterreno, non ci racconta certo ogni cosa, ma solo alcuni fatti significativi. All'inizio del ventunesimo canto dell'*Inferno*, perché il lettore capisca bene le regole del gioco, il poeta dichiara che con Virgilio parla anche di "altro" di cui il suo poema non si cura di dar conto. Quei versi incipitari del ventunesimo dell'*Inferno* sono per me una vera e propria definizione dei compiti della letteratura: omettere e suggerire. Dante è un maestro dell'omissione. La coltiva con sapienza, e sa usarla per il successo della rappresentazione con la stessa forza con cui usa le parole e i versi.

Sulla fede nel non detto – l'omissione volontaria – si fonda un'infinità di libri. Quanti ne lessi e rilessi quell'autunno, a New York, nello studiolo dell'Academy, dimentico del mio passato, incurante del futuro, preoccupato solo di scoprire le lacune su cui i grandi autori erigono le loro storie e di raccogliere esempi da mettere nel libro che incominciavo a scrivere! Mi passarono tra le mani opere greche e latine, romanzi antichi e moderni, saggi, lettere, diari, autobiografie... Il vuoto mi pareva premere da ogni parte, allargarsi tra le righe e inghiottire anche il racconto più compatto, la trama più serrata. Vedevo crepe, fessure, buchi in ogni pagina, in ogni autore. Ma in uno, in particolare, mi parve di trovare un vero e proprio modello: Guy de Maupassant. Il suo breve romanzo *Une vie* (uno di quelli che salverei dalla distruzione ultima) è un'esemplificazione ideale dei procedimenti lacunosi con cui i grandi scrittori costruiscono immagini del mondo. In italiano è stato tradotto dall'autrice di *Lessico familiare*, un'altra che in fatto di omissioni la sapeva lunga (e un'altra che salverei). Henry James rimproverava il giovane discepolo di eccessiva concisione. In effetti, un narratore tanto frettoloso non è comune trovarlo. Il grande problema dei romanzieri non è la rappresentazione degli ambienti o dei personaggi, ma quella del tempo. Maupassant rappresenta il trascorrere dei giorni nel modo più sbrigativo che si possa immaginare. Il libro copre e incarna la durata di una vita intera, ma non arriva alle duecento pagine. Maupassant non perde mai di vista la *trama*. Mesi e anni finiscono inghiottiti in un avverbio come "poi" o perifrasi del tipo "tre mesi dopo", "anni dopo", "dopo una lunga serie di anni", senza che il lettore venga minimamente informato di quel che sia successo in quel periodo. La *trama* è il tempo e la *storia* la vita. Della prima si occupa lo scrittore, della seconda il lettore. Il personaggio nasce dalla sovrapposizione di questa su quella. Jeanne, la protagonista di *Une vie*, nell'ultimo capitolo, si mette perfino a dare una mano al lettore: nel solaio ha trovato i calendari dei suoi anni giovanili e, con uno sforzo di memoria che per noi figli di Proust, di Freud e ormai anche delle neuroscienze sarebbe del tutto inconcepibile, cerca di ricostruire il suo passato giorno per giorno. L'operazione le riesce per i primi due anni, poi tutto viene avvolto dalla nebbia.

Ma non è da credere che la ricostruzione di Jeanne sia esatta, cioè che i suoi ricordi, dopo tanto tempo, corrispondano effettivamente all'ordine degli eventi. La ricostruzione di Jeanne è per forza piena di errori. E la lettura del suo diario, se ne avesse tenuto uno, gliel'avrebbe dimostrato. Io tengo un diario da moltissimi anni. Se non lo rileggessi, rimarrei nella convinzione che certe cose siano avvenute in tempi diversi (convinzione che torna ad avere il sopravvento quando l'effetto della lettura si è dissolto). Credo che due avvenimenti siano lontani e distinti nel tempo e, leggendo il mio diario, scopro che sono contemporanei. Altri, che avrei creduto recenti, sono antichi. La mente non è capace di accogliere la realtà nella forma della cronaca. La mente ama il romanzo, cioè le trame: seleziona e ricombina. E così noi saremo solo e sempre personaggi della nostra propria mente, non quelli che gli altri vedono e conoscono. Noi non saremo mai quelli che gli altri credono. Per questo le accuse ci risultano insopportabili. Per questo (più che per la paura del carcere) l'assassino non accetta la condanna, anche se sa di aver ucciso.

Un bellissimo autunno

...a questo segno
ALESSANDRO MANZONI

L'estate, nel 2005, non voleva finire. Pranzavo all'aperto ancora a metà ottobre, nei caffè intorno alla Columbia, e il sabato e la domenica, con il mio quaderno di appunti, me ne andavo a prendere il sole al molo, dalla parte di Christopher Street, non lontano da casa. L'aiuola brulicava, come una spiaggia, di giovani svestiti, che ogni tanto si rinfrescavano dalla testa ai piedi con l'acqua delle fontanelle. Il rumore dei motoscafi e degli elicotteri in quella parte della città era assordante, ma contribuiva alla meravigliosa, strana aria di festa, come una voce echeggiante dall'azzurro del cielo e dell'acqua.

Non stavo così bene da anni.

Dalla mamma mi giungevano notizie confortanti. Il papà era stato trasferito dal Mater sapientiae al Palazzolo, in ambulanza, e il trasferimento non aveva comportato particolari disagi. La stanza era gradevole e il personale molto umano. La mamma passava al Palazzolo tutta la mattina, dalle sette all'ora di pranzo, ogni santo giorno. Lei stessa si occupava della pulizia quotidiana del papà. Verso l'una, dopo averlo imboccato, tornava a casa. Pranzava, preparava qualcosa per la cena del papà e tornava da lui. Il pomeriggio ripeteva suppergiù le operazioni della mattinata: la passeggiatina, lo spuntino, il riposino e infine il pasto. Rincasava solo per le otto, sfinita, ma soddisfatta.

Magnoni, da Padova, mi comunicò, con estrema concisione, che la facoltà aveva accettato la sua proposta di chiamare un "esterno" a occupare un posto di professore associato per Letteratura comparata. Un trionfo, quando si consideri la generale resistenza ad accogliere gli "esterni"! "Siamo a cavallo," diceva semplicemente il suo messaggio di posta elettronica e con cautela aggiungeva: "Ora bisogna trovare i soldi. Ma, per quelli, c'è la Zecchino".

Cominciavo a sentirmi al sicuro, cioè a illudermi. Il peggio era alle spalle: il papà era assistito a dovere e io presto avrei avuto un vero lavoro.

La mia tranquillità era tale e tanto profonda che non fu sconvolta neppure quando scoprii che qualcuno stava macchinando per togliermela. Una mattina, prima che quella miracolosa estate finisse, venni convocato dal direttore. Entrare nel suo ufficio era un privilegio, perché il professor Goldstein era un uomo molto occupato. Mi invitò ad accomodarmi e, dopo avermi chiesto se mi trovassi bene all'Academy, affrontò la questione che gli stava a cuore:

"Nicola, che cosa hai fatto a Carmelo Corona?".

Hai letto bene, lettore. Il professor Goldstein mi stava domandando che cosa avessi fatto a Carmelo Corona. Inutile dire quanta sorpresa mi procurasse una simile domanda in quel luogo, sede di studi e di conversazioni civili. Il punto è che Corona, nel mondo universitario, ovunque, era dato per una realtà oggettiva, ovvia, *normale* della nostra Italia.

"Niente," dissi senza scompormi. "Non ho fatto niente. Perché?"

"Sai," continuò Goldstein, "ho ricevuto una telefonata da Corona proprio ieri. Era furioso come non ti posso neanche descrivere."

Il sorriso divertito che si allargava sulla faccia di Goldstein mi rassicurò immediatamente. Non avevo nulla da temere, non a New York.

Spiegai quali fossero i rapporti che mi legavano a Corona.

Tutti e due, io e il direttore, avremmo avuto altro da dire, ma ci accontentammo di scambiarci un sorriso di intesa.

Avevo disobbedito. Non ero andato a Palermo, ma a New York. E Corona non mi perdonava lo smacco. Era la guerra. E lui aveva perfino avuto l'ardire di portare l'offensiva al di là dell'oceano, in territorio neutrale. Ormai, nella mia storia, lui non sarebbe stato che un Don Rodrigo. La sua opposizione, in Italia, mi avrebbe bloccato qualunque strada. Non avevo scampo. Ero braccato. Con questa nuova consapevolezza lasciai l'ufficio di Goldstein. Ma non mi preoccupavo, non ancora. Allora io contavo ciecamente sull'appoggio di Sergio Magnoni e la rabbia di Corona mi divertiva soltanto. Cercavo di figurarmelo nel momento in cui la notizia della mia borsa gli era stata comunicata. Quel che mi dava più soddisfazione era sapere che lui, non appena ricevuta la notizia, avesse capito che, per trovarmi a New York, dovevo aver deciso di lasciare Feltre almeno un anno prima che lui mi desse il benservito (cosa che, tra l'altro, in forma ufficiale non avvenne mai, la mia espulsione essendomi stata comunicata in via confidenziale solo dalla povera Nora). Insomma, io avevo scaricato lui, non lui me. Non avrei potuto commettere affronto peggiore.

Chicago

Regia Solis erat sublimibus alta columnis
OVIDIO

Mi preparai a vivere quei giorni come se fossero gli ultimi della mia giovinezza. In effetti, la mia giovinezza era già finita da tempo. Era finita il giorno che, alla fine del 1999, scesi a Palermo a prendere servizio. Ma nella vita capita che, a un certo punto, chissà perché, chissà come, la ritroviamo, la giovinezza, e allora pensiamo di non averla mai perduta, e anziché considerare quel ritrovamento una ripresa, lo consideriamo, per abitudine a concepire le età come sezioni ordinate di tempo, un tramonto; e alla felicità mischiamo la paura della notte imminente. Per questo non ero mai sazio di studi, di incontri, di progetti. Mi sarei moltiplicato in mille per visitare ogni angolo della terra, per leggere ogni libro, per scrivere tutti i pensieri che mi visitavano, confusi e ambigui, e che dovevo rassegnarmi a perdere, o a pensare solo parzialmente, per quel poco che me ne appariva dal folto e per quel poco che la mia sola mente riusciva a illuminare anche di quelle minime parti. Scivolai, per troppo entusiasmo, per troppo desiderio, in uno stato di orgasmo opprimente, di insoddisfazione insanabile, per cui più facevo meno mi sembrava di fare, più volevo meno mi sembrava di ottenere... Un pomeriggio, assalito da un'angoscia indescrivibile, quasi delirante, odiando tutto e tutti, mi prenotai un volo e un albergo e due giorni dopo atterrai nella città più bella degli Stati Uniti.

Non ero mai stato a Chicago. Subito, arrivando dall'aeroporto, pensai: "Perché non ci sono venuto prima?". Pensai anche: "Perché nessuno parla mai di Chicago?". Ci sono certe cose di cui la gente non parla mai abbastanza. Una è la morte; un'altra è Chicago.

Era novembre, ma faceva ancora abbastanza caldo. Non fosse stato per le foglie che volavano dappertutto, quell'autunno lo si sarebbe detto una primavera.

Il cuore, dal momento dell'arrivo, prese a battermi con un'allegria quasi sessuale. A Chicago, credo, ritornai adolescente. Giravo tutto il giorno tra le architetture, nei parchi, per negozi di libri, per musei, e non sentivo nessuna fatica, nessuna difficoltà, nessun freddo. Le distanze non mi scoraggiavano. Camminavo, camminavo, passando da un sogno all'altro, da una via all'altra, grato agli artefici di tanto splendore, di tanta infaticabile varietà, di tanta inesauribile molteplicità, e anche se avevo una stanza bellissima, in un albergo bellissimo, il Monaco, nel cuore dello storico Loop, non mi decidevo mai a rientrare.

Scattai centinaia di foto, feci schizzi e annotai migliaia di cose sul mio diario. Avrei voluto portare con me ogni immagine, filmare tutto quello che vedevo, dalle pietre delle case alle foglie gialle che si ammucchiavano lungo i marciapiedi agli alberi dei parchi. Feci anche alcune amicizie. A Chicago, nei caffè o a teatro, viene spontaneo attaccare discorso con gli sconosciuti. La gente è simpatica. Si respira un'aria di provincia buona, burrosa, odorosa di pancake, da poster anni cinquanta; rassicurante per il turista, ma, certo, non priva di ombre tetre e di minacce occulte, che però io, nella mia incontrollabile euforia, non ero disposto a prendere in considerazione. Una mattina, a colazione (che non consumavo in albergo), conobbi una signora, che come me si era regalata una breve vacanza. Veniva da Washington D.C. Era una donna molto distinta e gentile, madre di un figlio drogato e omosessuale e moglie di un colonnello dell'esercito. Visitammo insieme le case e le chiese di Lloyd Wright. Lei mi parlò dei suoi guai; io le raccontai di mio padre.

La mia stanza, tra le varie cose speciali che la caratterizzavano, aveva una finestra molto grande, dentro la quale era ricavata una *dormeuse*, su cui uno poteva allungarsi comodamente a leggere o anche solo a guardare i palazzi della città, sospeso sul vuoto come un uccello. La sera, in quella nicchia, pur soffrendo di vertigini, io mi mettevo a leggere gli scritti di Frank Lloyd Wright e di Louis Sullivan. Entrambi sanno parlare della loro arte in modo avvincente. Ma dei due è l'apprendista il più bravo. Il suo saggio sulla nascita del grattacielo è un capolavoro di intelligenza e di bella prosa, che tutti gli amanti della lucidità dovrebbero conoscere. Sullivan, invece, pur avendo le idee chiare, concede troppo alla retorica e suona antiquato, cerimonioso, stucchevole. Lloyd Wright non fa niente per affascinare il lettore, ma lo conquista con la forza del ragionamento. Basterebbe a dimostrarlo la sua breve, fulminante tirata contro il ripostiglio, il famoso *"closet"*, sacrario irrinunciabile di ogni casalinga americana.

Mentre ero a Chicago, la mamma venne ricoverata in ospedale, per un grave malore. Io scoprii la cosa solo dopo essere rientrato a New York. Lei non aveva voluto avvertirmi per non rovinarmi la vacanza. Al mio posto, la soccorsero alcuni vicini. Anche per questo incidente vidi quanto poco noi sappiamo di quello che ci riguarda direttamente; e i sentimenti e le emozioni che proviamo non corrispondono mai in modo perfetto o adeguato a quello che ci succede. Ho sentito di più persone che, nel momento della morte di un loro famigliare (figlio, coniuge, genitore), erano impegnate altrove e non sempre per una buona ragione o in attività di particolare importanza. Una mia amica di infanzia morì folgorata nella vasca da bagno per aver toccato con la mano umida la puntina del giradischi mentre sua madre chiacchierava al telefono con un'amica. Avesse parlato meno a lungo, quella disgraziata signora forse avrebbe avuto il tempo di portare in salvo la figlia.

I medici trovarono mia madre molto provata. Se non si fosse riguardata, sarebbe andata certamente incontro a un infarto o un ictus. Non mi stupivo. Per assistere mio padre, lei si stava letteralmente distruggendo. Allora presi l'abitudine di telefonarle tutti i giorni – un'abitudine che non ho più perso. La dea Fortuna, infatti, interviene più spietata se ci dimentichiamo che esiste.

Il Palazzolo

...en réalité nous changions fort peu. C'est-à-dire qu'il y a en nous quelque chose d'invariable

CHARLES BAUDELAIRE

Quando arrivai (era quasi Natale), il papà stava seduto davanti al piatto, nudo dalla cintola in giù. Sulle gambe la mamma gli aveva allargato una salvietta di carta. La sua nudità manifestava più immediatamente di qualunque sintomo il destino in cui era precipitato. Non avevo mai visto mio padre nudo. Lui era molto pudico, quand'ero piccolo (il primo corpo nudo di maschio adulto che vidi non fu il suo). La visione mi riempì, oltre che di pietà, di imbarazzo.

Non mangiava più nella sala comune, insieme agli altri, ma nella sua camera. In camera passava gran parte della giornata, perché adesso sputava e tirava calci e i famigliari di alcuni ospiti si erano lamentati con il direttore. Al Trivulzio mio padre, tra gli ospiti, era stato il più vispo. Al Palazzolo, invece, era uno di quelli messi peggio, sotto tutti i punti di vista. Gli era venuto, tra i vari accidenti, pure un profilo mostruoso, simile a quello di certe caricature leonardesche: mento sporgente, naso cascante, bocca serrata verso il basso, nel contrario di un sorriso.

Tolsi il cucchiaio dalla mano di mia madre e mi misi a imboccarlo. Non lo vedevo da quattro mesi, ma dal peggioramento del suo stato generale si sarebbe detto che fossero passati anni. Dissi alla mamma: "Com'è peggiorato!". E lei: "Pensi?". Lei non se ne accorgeva. La frequentazione continua la portava a trascurare i cambiamenti cui la mente e il corpo di mio padre erano sottoposti di minuto in minuto. Solo io li notavo nella loro ripugnante somma. Il papà si stava riducendo a una larva.

Non mi riconobbe, né diede segno di notare la mia presenza. Lo chiamavo in vari modi, ma lui non reagiva. Apriva solo la bocca per accogliere il cucchiaio di minestra, automaticamente, regolarmente, come fanno i pesci quando si nutrono, come i neonati se si staccano dalla mammella, e se tardavo anche un solo istante lui si portava alla bocca un lembo del bavaglio di carta o niente del tutto, mimando il vecchio rito dell'autoalimentazione. E intanto io gli dicevo che ero tornato, che ero stato in America, che avevo sentito che Bruno faceva il bravo... Tentavo la via dell'adulazione, cui mio padre, nella prima fase della sua malattia, era stato particolarmente sensibile. Ma adesso i complimenti non significavano più niente per lui. Lo stesso suono delle parole non significava più niente, nemmeno il suo nome. Adesso, per comunicare con lui, occorreva ben altro linguaggio che quello che si studia nelle scuole.

Scoprii l'utilità del contatto fisico. Mio padre, che aveva sempre respinto i gesti affettuosi, diventava l'incarnazione della tranquillità e dell'appagamento non appena lo accarezzavo. Io non avevo molta confidenza con lui, dunque non ero portato ad accarezzarlo per abitudine, o per semplice amore. Lo accarezzavo perché me lo imponevo. E serviva. Alla fine mi piaceva toccargli il braccio, o anche infilargli le pantofole ai piedi. E tagliargli i capelli. Se anche era molto agitato, il contatto delle mie mani lo placava. Diventava mansueto e piegava, come se fosse consapevole e lo *volesse*, la testa sotto il getto dell'acqua tiepida, e restava chino senza esprimere alcuna impazienza mentre gli insaponavo la testa e, dopo, gliela frizionavo con l'asciugamano. Quando si lamentava o gridava (pure gli urli "immotivati" erano sintomi del nuovo, vertiginoso declino), l'unica cosa che avesse il potere di zittirlo era una carezza. Gli accarezzavo la testa o il braccio e lui si calmava subito, e poco dopo cadeva addormentato, in un sonno placido e profondo. Restavo a guardarlo per qualche minuto, prima di andarmene. Russava come un orso, con la bocca aperta. Tiravo su le sponde del letto, avvertivo le signore del reparto e me ne andavo. Mi chiedevo, e ancora mi chiedo: "Che cos'è il sonno per un demente? Sogna?".

Di camminare non aveva quasi più la forza. Si trascinava per qualche metro, quindi si buttava per terra, oppure, se anche aveva la capacità di tenersi in piedi, sbatteva contro qualche muro. Aveva perso del tutto il controllo dei movimenti. Camminava storto, come certi cani randagi. Cadeva dal letto, cadeva dalla poltrona, cadeva dalla sedia. Aveva la fronte coperta di graffi e di croste. Lo si dovette legare, per evitare che si facesse male. Una delle immagini più dolorose che conservo di quel periodo è mio padre in poltrona, che lotta con la cintura a lui invisibile – una specie di cintura di sicurezza – e, digrignando i pochi denti rimasti, fa leva sui braccioli con entrambe le mani, con una forza sovrumana, inspiegabile se non come effetto del disastro cerebrale, nel tentativo di sollevarsi e di uscire dalla morsa. Un dannato che ripete con pazienza, con metodo, all'infinito, il suo supplizio. A volte, con abilità d'atleta o di contorsionista, riusciva a spingersi in su, appoggiandosi allo schienale, e a rannicchiarsi sul sedile, pur tuttavia prigioniero della maledetta cintura. Se ritenevo che fosse utile, lo scioglievo, gli mettevo le pantofole e lo aiutavo ad alzarsi. Tentavamo qualche passo fuori della camera. Prima di metterlo a letto, dove stava più comodo che in poltrona, gli facevo fare un giro con la sedia a rotelle. E lo spingevo per il corridoio, convinto di avergli ridato un po' di libertà. Ma anche la sedia a rotelle, certi giorni, era un problema. Infatti, il papà si buttava da una parte e dall'altra, o anche in avanti, e protestava e cercava di scendere in tutti i modi.

Durante una di quelle ultime "passeggiate" mio padre ne combinò una che mi diede la chiara misura dell'illusione su cui poggiava la mia capacità di soccorso. Quel giorno era più eretto del solito, neanche sbandava troppo, e mi seguiva obbediente. A un certo punto lo prese una sorta di frenesia, come se volesse scappare. Allungò il passo, si staccò dal mio braccio e, prima che io potessi fermarlo, si tirò giù i pantaloni, se lo cacciò fuori dalle mutande e cominciò a pisciare nel bel mezzo del corridoio. Io, inorridito alla vista del getto di urina, ammutolito, gli tirai su i pantaloni, perché smettesse, ma ottenni solo di bagnarlo. Allora lui, rivolgendomi per una volta uno sguardo espressivo, mi abbaiò non so che parole insensate che però avevano il chiaro senso di una protesta indignata. Gli ritirai giù i pantaloni e mi rassegnai ad aspettare che la minzione terminasse. Ero avvilito, arrabbiato, offeso, come se mio padre mi avesse tradito. E per tutta la durata di quella oscena pisciata temetti di venir rimproverato da qualcuna delle ausiliarie. Ma nessuno se ne accorse, neppure i malati che, passando di lì, ne vennero innaffiati. La pozzanghera era schifosamente grande. Chiamai soccorso. "Sono mortificato," ripetevo all'ausiliaria che, senza battere ciglio, buttava sulla chiazza una montagna di asciugamani. E lo ero, non tanto per quel che era successo, quanto *perché era successo*. Era colpa mia, se era successo. Non ero stato capace di aiutare mio padre, di capire i suoi bisogni effettivi. Lo portavo a passeggio, mentre avrei dovuto portarlo in bagno. *Io* avevo fatto confusione, non lui. E lui, pisciando a quel modo, ribellandosi a me, aveva detto chiaramente che, proprio ora che più che mai aveva bisogno degli altri, più nessuno gli era utile.

Lasciavo ogni volta il Palazzolo con un grande mal di testa. "Che ci vengo a fare?" mi dicevo, infilando il cancello con un sollievo indescrivibile. Ci andavo solo per dare il cambio alla mamma, per consentirle di riposare almeno una volta la settimana. Altrimenti, non ci sarei andato. Dopo la mia visita (che non durava quasi mai più di un'ora), restavo a lungo impigliato nel ricordo straziante dei malati – tutti i malati, non solo mio padre. A lungo ancora respiravo quel diffuso, per quanto dissimulato, puzzo di piscia che impregnava l'aria del reparto, misto a un profumo di cibi pallidi e molli.

Atlanta

*Minus habeo quam speravi: sed fortasse
plus speravi quam debui*
SENECA

Nella primavera del 2006, secondo le promesse di Sergio Magnoni, dovevo essere chiamato dall'Università di Padova. La cosa, come c'era da aspettarsi, non avvenne. Non ho trovato, in sette anni, un solo Barone che abbia rispettato gli impegni presi con me. Io ero tornato apposta dall'America, rinunciando a metà di una ricca borsa di studio, ma il mio ritorno non era servito a niente. Riportai un danno, ma Magnoni non fece una piega. Era un Barone come gli altri. I Baroni non ammettono mai di aver torto o di aver commesso un errore. E, se sono caduti in palese contraddizione, si rimangiano quello che hanno detto. Alla contraddizione preferiscono il revisionismo.

Cominciavo a nutrire risentimento verso Magnoni, ma non ero certo nella posizione di chi potesse rinfacciare nulla, né avevo alcuna voglia di trasformare il risentimento in diffidenza o sfiducia. Non me lo potevo permettere. Non avevo nessun altro su cui contare. Magnoni si limitò a dirmi, con fare molto sicuro, che occorreva ancora un po' di pazienza. Non mi spiegò le ragioni del ritardo. Vedendomi preoccupato, mi disse:

"Di che ti preoccupi? Goditi ancora questi mesi di libertà. La facoltà ha detto sì, ora bisogna trovare i soldi".

"Io non voglio tornare a Palermo," gli dissi, mentre uscivamo dalla solita trattoria.

"Palermo?! Ma che Palermo e Palermo d'Egitto! Tu a Palermo non ci torni. Tu sei in una botte di ferro. I soldi per la tua chiamata li troviamo, in un modo o in un altro. Sta' tranquillo."

"Siamo sicuri che la legge Zecchino è applicabile al mio caso?"

"Certo che lo è! E se anche non lo fosse, ormai è un dato che tu sarai dei nostri. Ripeto: sei in una botte di ferro."

Lettore, ricorda questo dialogo, se vuoi, più avanti, capire appieno la disperante solitudine in cui mi muovevo io in quei mesi. Io, come un malato, come mio padre, ero circondato dalla vanità dei proponimenti altrui, e nessuno, con tutta la buona volontà, era in grado di provvedere ai miei bisogni.

Passai la primavera a tradurre Ted Hughes e ad aspettare qualche buona notizia. Notizie invece non ne arrivavano. A Padova, quando andavo per le riunioni dell'"Orlando", con Magnoni ormai neanche più parlavo della chiamata.

Per la fine di maggio conclusi il lavoro di traduzione. A metà giugno tornai in America. Trascorsi due giorni a New York e di lì volai ad Atlanta. Nella città della Coca-Cola, alla Emory University, sono conservate tutte (o quasi) le carte di Ted Hughes. Si tratta di un archivio gigantesco, che raccoglie appunti, quaderni, stesure, bozze, brutte e belle copie, fotografie, libri, lettere... Quando arrivai, non sapevo ancora se e quanto quel viaggio mi sarebbe stato utile. Mi diedi due settimane. Forse sarebbero state poche, forse troppe... Proprio non sapevo.

Era tardi quando atterrai, ma faceva molto caldo. Il taxi passò attraverso una zona di belle ville, in stile coloniale, tipiche di quelle regioni del Sud. Scesi in un alberghetto vicino all'università, più simile a un motel che a un hotel. La mia stanza, ubicata in una dépendance alquanto difficile da raggiungere, era grande e confortevole. Un canale della televisione mostrava solo film di James Bond, ininterrottamente, ventiquattr'ore al giorno.

La mattina dopo feci colazione presto e arrivai all'archivio qualche minuto prima dell'orario di apertura. Mi era stato assegnato un comodo tavolo, vicino al quale, su un carrello, erano sistemate varie scatole: erano i manoscritti che avevo ordinato da New York.

Quel primo giorno rimarrà uno dei più felici della mia vita professionale. Non la finivo di meravigliarmi e di godere. Ero entrato nella casa di una personalità straordinaria e avevo le ore contate per farmene un'idea adeguata. Due settimane – mi fu subito chiaro dalla bellezza coinvolgente di quei primi materiali – sarebbero state appena sufficienti. Dovevo sfruttarle al massimo. Alcuni giorni saltai perfino il pranzo, per non perdere un minuto. Mi riempii di pruriti, essendo allergico alla polvere e agli acari. Ma non mi importava. Leggevo e trascrivevo smaniosamente. Alle cinque, quando l'archivio chiudeva, uscivo barcollante. Nella testa mi frullavano mille suggestioni. Attraversavo il parco dell'università e andavo a bere una birra nell'unico bar decente della zona. Una sera ci andai con Marcus, un giovane studioso olandese di poesia americana, che, all'archivio, occupava il tavolo a fianco al mio. Anche lui lavorava come un forzato. Entrammo subito in confidenza. Marcus era figlio di una ex suora. Sua madre, però – mi disse rispondendo alle mie domande –, non parlava mai dei tempi del convento. Era diventata atea e odiava qualunque chiesa. Il padre era ferroviere. Era vedovo quando incontrò la suora che per lui lasciò il velo. Avrei dato non so cosa per scoprire come quell'uomo fosse riuscito a entrare in intimità con una religiosa, ma Marcus non ne sapeva niente. Immaginava, però, che sua madre a quel tempo fosse già parecchio scontenta della vita monacale.

La sera prendevo un taxi e andavo a cena in altri quartieri. Atlanta non ha un centro, a parte il downtown commerciale, ma tanti piccoli poli, che in genere corrispondono a un incrocio di grandi strade e constano di qualche negozio, un distributore di benzina e un paio di posti dove mangiare (non propriamente dei ristoranti). Inutile allontanarsi dall'incrocio. Si cammina per chilometri senza incontrare nulla e nessuno, tra parchi o case che non mostrano alcun segno di presenza umana.

I primi giorni li passai sulla corrispondenza di Hughes. Un oceano. Mi scorsero sotto gli occhi decine di grafie diverse, a ognuna delle quali apparteneva una personalità diversa... Prodigiosa la lettera! Per quanto calcolato possa esserne l'autore, non nasconderà mai chi è. Anche l'infingimento, in una lettera, sa di verità. La lettera è un'ordalia. Puoi dire quello che vuoi, puoi nasconderti quanto vuoi, ma ti nasconderai solo come sai nasconderti *tu*, nessun altro, e così, in ogni caso, ti rivelerai (molto più che in un diario, in cui lo scrittore tiene un rapporto diretto con sé, pur non escludendo del tutto un ipotetico lettore, e perciò può fare a meno di *preoccuparsi di come appare*). Chi sei salta comunque fuori, e tanto più inequivocabilmente se cerchi di dissimularlo. Per quanto diversi tra loro fossero i suoi corrispondenti, tutti, chi più chi meno, chi servilmente chi no, facevano la stessa cosa: lo *riverivano*. Non c'è altro verbo che possa descrivere quel coro sterminato di omaggi, di complimenti, di incoraggiamenti.

Emozioni anche più forti mi diedero le lettere scritte dallo stesso Hughes, e i manoscritti delle sue poesie.

Lasciai Atlanta, dopo aver letto con occhi sempre più stanchi, sempre più irritati dagli acari, migliaia di pagine, biglietti, foglietti, varianti, quaderni, con un senso enorme di gratificazione.

Sull'aereo, rientrando a New York, riflettei su quello che avevo visto. E mi dicevo: che poca cosa è il libro stampato rispetto a tutto quello che lo prepara! Quintali di appunti, di progetti, di prove, di schizzi. Quintali di *scrittura*! Hughes amava la sua scrittura, i segni che la penna lasciava scorrendo sul foglio. È innegabile. Centinaia di quelle indecifrabili pagine – soprattutto i notebook –, in cui a nessun lettore è permesso inoltrarsi, pagine e pagine di spine, non sono che la registrazione fisica del movimento della mano, della *volontà* (o *necessità*) di scrivere, così come un cardiogramma è la registrazione della volontà biologica di vivere.

A New York mi aspettava un'email di Magnoni:

Carissimo Nicola,
la cosa qui a Padova non è andata. La legge Zecchino si è rivelata inapplicabile al tuo caso, perché l'insegnamento di Comparata non raggiunge il numero minimo di studenti previsto dalla legge (per un pelo, mannaggia). A questo punto bisogna tentare altre vie. Buona America

Sergio

Lessi e rilessi questo messaggio e alla fine di ogni lettura la conclusione era la stessa: la chiamata tanto attesa non sarebbe venuta; io, a Padova, non avrei mai lavorato. Però, come vuole il cervello quando non siamo preparati ad accogliere notizie troppo negative, io pensai che se la cosa non era andata ora, sarebbe andata in futuro. Insomma, Magnoni mi aveva detto che ero in una botte di ferro. Me lo ricordavo bene. "I soldi per la tua chiamata li troviamo, in un modo o in un altro. Sta' tranquillo." Questo mi aveva detto a Padova, l'ultima volta, prima che io ripartissi per l'America.

Luglio

...quo non aliud atrocius visum
TACITO

Tornai a Milano e da lì, senza neppure esser passato da mio padre, mi precipitai a Padova. Occorreva che chiarissi al più presto la situazione con Magnoni e sentissi quali fossero le alternative. Lui, per la mia visita inattesa, aveva convocato una riunione straordinaria dell'"Orlando". Mi toccò, per due ore, fingere di interessarmi a questioncelle di carattere editoriale per le quali, data l'urgenza dei miei problemi, non avevo il minimo interesse e poi, alla solita trattoria, sorridere alle battute dei dottorandi. Magnoni, era evidente, mi stava evitando; metteva gli altri tra me e lui. Non era codardia. Era la tecnica solita dell'evasività di cui Corona mi aveva dato un'illustre dimostrazione a New York.

Anche Magnoni mi aveva abbandonato.

Prima del caffè, si alzò di colpo e, senza guardarmi in faccia, annunciò che aveva fretta di rientrare in facoltà.

"Ti accompagno," dissi, alzandomi anch'io.

Per strada lui mi domandò dell'America.

"Bene," dissi. "Ma parlami un po' della chiamata," mi affrettai ad aggiungere prima che fosse troppo tardi.

"La chiamata?" esclamò Magnoni, allungando il passo, sorpreso – non so se per davvero o per finta – che io tirassi fuori un simile argomento. "Te l'ho scritto. I soldi non sono saltati fuori. La Zecchino non si può applicare al tuo caso."

"E i soldi non possono saltar fuori da un'altra parte?"

Magnoni aggrottò la fronte e accennò un sorriso, come quando ci si trova di fronte a uno spettacolo incomprensibile.

"No," disse.

"Dunque, fine..."

"Fine, sì," confermò.

Quello che più mi feriva non era tanto la conferma del fallimento quanto la freddezza brutale con cui Magnoni me la comunicava. Non un "Mi dispiace", un "Peccato", un "Vedremo...". Neanche un po' di rabbia. In fondo, lui si era adoperato per quel diavolo di chiamata, l'aveva preparata, ci aveva creduto... Niente. Ecco un'altra caratteristica dei Baroni: la rinuncia totale e immediata, e l'incapacità di rimpiangere... Il rimpianto è dei perdenti. Un Barone non perde mai. Non ci sono cause perse per i Baroni. Le sconfitte sono immediatamente sigillate e archiviate, prima ancora che possano dirsi tali, e non vengono mai più tirate fuori; e chi le ha subite con loro si ritrova rapidamente confinato nel limbo dei testimoni scomodi, dove nessuna parola ha più valore. Che cosa potevo pretendere ormai? Il professor Sergio Magnoni aveva già voltato pagina.

"E io che faccio adesso?"

Ricordo che non parlavo: sussurravo. La voce mi era sparita. Avrei potuto ricordargli i suoi impegni, avrei potuto citare alcune sue frasi, come "Sei in una botte di ferro", "I soldi per la tua chiamata li troviamo, in un modo o in un altro"... A che sarebbe servito?

"Te ne torni a Palermo," disse con una semplicità disarmante, come se mi stesse dando il consiglio più sensato.

Quella frase l'avevo già sentita, e non da Magnoni. Per qualche secondo persi la ragione. Fui tentato di scappare alla stazione, senza un saluto. Ma il buon senso ebbe la meglio sul furore. Lo supplicai. Non avevo mai supplicato nessuno in vita mia.

"Ti prego, Sergio, aiutami a trovare un'altra sede. A Palermo non posso tornare. Sarebbe la morte."

"Vedremo," disse, infilando il portone della facoltà. E

prima di sparire mi gridò: "Mandami un elenco delle sedi dove credi di avere qualche chance".

Come mi sentivo? Non mi è rimasto in mente. I miei sensi, i miei pensieri erano anestetizzati dal colpo, e quello era il più forte che avessi mai ricevuto.

Era ormai luglio. Le università stavano per chiudere. Non c'era molto che potessi fare. Lo stesso mi misi al computer e stesi un elenco di nomi. Non avrei mai immaginato, dopo le assicurazioni di Magnoni, dopo un anno di fiduciosa attesa, che mi sarei ritrovato al punto di partenza. Magnoni mi aveva preso in giro. Non l'aveva fatto apposta. Ma in sostanza mi aveva abbandonato. Anche lui. Per dargli ascolto avevo perso una parte della mia borsa di studio, e anche tempo prezioso. Alla scadenza della mia idoneità mancava ormai meno di un anno. Non solo rischiavo di tornare a Palermo per sempre, ma quasi certamente, se ci fossi tornato, avrei perso i frutti di tutte le fatiche che mi era costato vincere il titolo di associato. A Palermo sarei rimasto ricercatore a vita. I palermitani così avrebbero punito il mio ritorno.

Passai una settimana al telefono, letteralmente. Chiamai uno a uno, giorno per giorno, tutti i professori italiani che avevano una titolarità di Letteratura comparata. Nessuno dimostrava interesse per il mio caso. Tutti, però, avevano una gran voglia di tenermi al telefono. Ognuno aveva molto da raccontarmi sulle sue responsabilità amministrative, sui suoi successi editoriali, sulla sua intelligenza. Sembrava che quei professori altro non aspettassero che la mia telefonata per dare il via al loro narcisismo... A tratti mi sembrava di vivere in una comica. Mi vedevo da fuori, attaccato al telefono, e sentivo la voce dell'altro come da una registrazione filmica: la sentivo due volte, da attore e da spettatore. L'attore friggeva dall'impazienza, e sudava e malediceva la cattiva sorte, perché la lista della gente da chiamare era ancora lunga e quello con cui era ora in linea gli stava solo facendo perdere tempo, senza ren-

dersi conto della situazione, senza capire di dover taglia-
re corto. Lo spettatore si scompisciava dal ridere e, cercando di soffocare il riso, mandava certi suoni strani, dis-
simulati in colpi di tosse. Certo, ridevo a crepapelle di quella gente, ridevo per la disperazione, ma sentivo anche cre-
scere in me la vergogna. Mai fui esposto in così poco tempo e così intensamente ai vizi peggiori dell'essere umano:
vanità, egoismo, indifferenza...

Solo un paio mi dissero che ci avrebbero pensato e mi
avrebbero richiamato. Non mi richiamò nessuno. Cesare
Villani (quello che all'inizio mi aveva consigliato di far visita a Corona, prima del primo concorso palermitano) ebbe almeno l'onestà di dirmi:

"Io potrei assumerti nel mio dipartimento. I soldi ci sono e tu saresti un bell'acquisto. Ma dove c'è un gallo non
può starcene un altro".

L'unico consiglio pratico che ricevetti me lo diede il buon
vecchio Meneghetti (ve lo ricordate?), il mio Dioscuro:

"Chiama Corona. Metti da parte l'orgoglio. L'orgoglio
non ti serve a niente. Mostrati pentito. Vedrai che ti farà
chiamare a Palermo".

Meneghetti aveva ragione. Non avevo scelta. Corona era
l'artefice delle nostre felicità, delle nostre vite. Corona era la
soluzione, la lancia che ferisce e risana, il Dio che abbatte e
innalza. Meneghetti aveva *sicuramente* ragione. Ma il solo
pensiero di aver a che fare di nuovo con quell'uomo mi to-
glieva il fiato. Non era *orgoglio*, il mio. Io non conosco simili sentimenti. L'orgoglio è degli schiavi. Una lettera al-
l'indirizzo di Corona, sì, la scrissi, piena di rimproveri. Altro che richiesta di perdono! Ovviamente, non la mandai,
non per evitarmi guai, ma per non aver più alcun contatto
con lui... Almeno, mi servì da sfogo. Meneghetti aveva ragione. Ma, se l'avessi ascoltato, oggi sarei schiavo, non libero. Sarei a Palermo, e non a Oxford, stupendo nome che,
a quel tempo, per me apparteneva ancora alla Grande Storia del mondo. A quel tempo, neanche avrei osato segnarlo
sul piccolo quaderno dei miei sogni, quel nome...

Yorkshire

*Io iudico bene questo, che sia meglio es-
sere impetuoso che rispettivo*

Niccolò Machiavelli

Passai la seconda metà di luglio del 2006 in Inghilterra.
Volevo vedere i luoghi in cui Ted Hughes era nato e aveva
trascorso la prima infanzia. Al mio disastro, parrà strano,
non pensavo. Credo che la mia mente, in quei giorni, abbia
agito come quando si è costretti a risolvere un problema di
matematica o a tradurre un passo difficile dalle lingue morte: rifiutate certe possibilità, che pure all'inizio ci sono sem-
brate giuste, attendiamo che se ne profilino di inattese. In
effetti, finché si continua ad aspettare che la soluzione venga da quel che si conosce, non si consentirà mai all'impre-
visto di entrare nello spazio delle nostre vite e di mutarle.
La gente, però, teme i mutamenti. Per questo, penso, tende a perpetuare le cause della sua sofferenza. La gente pre-
ferisce sperare. Lo so, perché neanch'io ho sottratto le orecchie alle sirene della speranza. Se non avessi confidato nella speranza, da Palermo me ne sarei dovuto andare all'in-
domani del mio arrivo.

Prima di salire nello Yorkshire mi fermai a Londra per
qualche giorno. Alloggiavo a Bloomsbury, a pochi passi dalla British Library, dove ogni mattina andavo a leggere certi manoscritti di Ted Hughes. Me la cavai in poco tempo,
perché il materiale conservato lì non era molto, e mi resta-
rono diversi pomeriggi per visitare musei, passeggiare per
la città e incontrare vecchi amici. Al caffè della biblioteca
feci la conoscenza di una giovane studiosa scozzese, tale

Margaret, che stava scrivendo un libro su Leon Battista Alberti. Parlammo della vita privata di questo genio, anche se se ne sa ben poco, e ci trovammo d'accordo su alcune cose, di cui nessuno parla. Margaret sottolineava: "He's just like Leonardo". Da lei appresi che la Facoltà di Lingue moderne dell'Università di Oxford aveva messo in bando un posto per Letteratura italiana. Margaret mi incoraggiò a fare domanda. Risposi – ricordo – con una scrollata di spalle. La sera dello stesso giorno, dalla minuscola stanza del mio Bed & Breakfast, mi collegai al sito dell'Università di Oxford, trovai le informazioni necessarie e... feci domanda. La mattina dopo già me ne ero dimenticato. Solo se fossi stato pazzo mi sarei potuto illudere che l'ipotesi di finire a Oxford avesse un pur debole radicamento nella realtà oggettiva.

Concluse le mie ricerche alla British Library, partii per Leeds, in treno. A Leeds passai dodici lunghissime ore. Il pomeriggio visitai il museo (quell'estate c'era una mostra di ritratti di Antinoo) e la notte dormii in uno squallido alberghetto, che mi aveva attirato proditoriamente con la bella architettura della sua facciata. La mattina dopo, consumata una rapida colazione, presi un taxi, mi feci portare all'autonoleggio che il cameriere mi aveva consigliato, alla periferia di Leeds, e di lì, alla guida di una Stilo, ripresi il mio viaggio. Dopo meno di due ore, avendo attraversato valli verdi e piccoli villaggi, entravo a Mytholmroyd, il paese che ha dato i natali a Ted Hughes. Entravo e ne uscivo in una volta, senza capire che il paese si limitava al minuscolo raggruppamento di case che si incontrano subito dopo il nome. Indirizzato dal primo passante, presi una stanza al Dusty Miller, una graziosa locanda, a un centinaio di metri dal punto in cui mi ero fermato. Mi fu assegnata una stanza comoda e pulita, che aveva l'unico difetto di affacciarsi sulla strada. Mi preparai un tè e sgranocchiai qualche biscotto alla cannella, di quelli confezionati che si trovano nelle stanze degli alberghi inglesi. Poi mi buttai sotto la doccia.

Ero stanco e pieno di febbre da fieno, ma non mi concessi un minuto di riposo. Ripresi la macchina e cominciai a esplorare la zona. I nomi geografici che da più di due anni trovavo nelle poesie di Hughes erano quasi tutti lì, intorno a me, nel raggio di pochi chilometri. E nei luoghi di cui si è sentito parlare si prova una felicità simile a quella che ci prende davanti all'immagine di una persona scomparsa che non abbiamo mai incontrato ma alla quale siamo, per una ragione o per l'altra, legati. A Mytholmroyd, in sostanza, sperimentai un piacere simile a quello che mi aveva sorpreso di fronte alla statua di Saffo, a Istanbul, alcuni mesi prima. E, in verità, in entrambi i luoghi – luoghi così lontani e così diversi, ma luoghi di poesia – iniziò per me una nuova stagione, benché a Mytholmroyd non fossi ancora in grado di percepirlo. Ma la nostra condizione è questa: il nostro presente acquista senso solo quando è finito. Certo, anche il senso che si coglie a un certo punto è un effetto del presente che viviamo e, in quanto tale, è destinato a trasformarsi e a essere superato e dimenticato. Solo nella morte, infatti, si compie il romanzo – la nostra storia. E, per questo, del senso ultimo saranno interpreti altri, non noi che abbiamo vissuto. Il lettore vince sempre sull'autore, purtroppo.

Salii verso le brughiere. Parcheggiai la macchina sul margine di un viottolo, tra i cardi e le erbacce, e mi inoltrai in quello che Hughes ha chiamato il palcoscenico del cielo. Camminai per ore, nella calura, cercando qualcosa. Scattai molte fotografie. Poi, preso da un'inquietudine penosa, resa tanto più grave dal raffreddore allergico, tornai alla macchina e puntai verso Heptonstall, che si trova a pochi chilometri da Mytholmroyd. Cercai il cimitero. E nel cimitero cercai la tomba di Sylvia Plath. Non la trovai. Tornai al parcheggio e chiesi informazioni a una signora che stava tagliando una siepe. Lei, che mi aveva già notato, mi diede coordinate molto precise, con le quali mi rimisi a girare tra le tombe. Neanche questa volta riuscii a individuare il sepolcro di Sylvia Plath. Faceva caldo, molto caldo, come non è mai in Inghilterra, e gli insetti erano molesti. Ci rinunciai. All'uscita mi imbattei nella stessa signora, che, sentendo che non avevo trovato la tomba, si offrì di guidarmici. La trovammo subito. L'avevo già vista, ma per qualche motivo non l'avevo riconosciuta. Eppure, benché semplice e discreta, spiccava tra le altre per una collana di perline che pendeva da un angolo della lapide, omaggio di qualche ammiratrice. La signora non mi lasciava. Io avevo voglia di restare solo, a ragionare in pace. Ma non osai dirlo, per paura di dare l'impressione del fanatico. La signora mi chiese se avessi la macchina fotografica. Dissi di no. Riuscii a sentire, in quei pochi momenti, nonostante la presenza della signora, una grande tristezza. Pensavo alla giovane donna americana, piena di sogni e di ambizioni, che era finita sepolta in quel cimitero di campagna, lontano da tutti, lontano dalla sua amata America. Che ci faceva lì? Quale assurdo scherzo del destino la costringeva in quel posto dove chiunque aveva l'ingiusta libertà di raggiungerla? Io vicino a Sylvia Plath! Provai vergogna a questo pensiero. Obbedendo a quale vanità ero venuto fin lì a disturbarla? Non è forse il pellegrinaggio un'intrusione empia? Non meriteremmo di venir trasformati in qualche bestia e divorati come Atteone quando scorse Diana nuda al bagno?... A che servono i cimiteri? Mi venne da piangere, ma mi trattenni. È insopportabile che gli accidenti che ci capitano – e capitano a tutti – debbano essere letti come destini. Ma che altro siamo, per la gente, se non gli eventi che ci distinguono?

Christopher Reid, ex editor di Hughes, mi aveva detto di contattare a Mytholmroyd un amico d'infanzia del poeta, tale Donald Crossley. E così feci. Rientrato da Heptonstall, chiamai il signor Crossley e lui mi raggiunse, dopo cena, al Dusty Miller.

Era un vecchio signore, secco e allegro. Si sforzava di parlare lentamente, perché era convinto che io fossi americano e, dunque, non capissi. Viveva nel culto di Teddy, come lo chiamava. Non ci fu bisogno di interrogarlo. Donald si era fatto apostolo di Hughes e non vedeva l'ora di predicare. Mi raccontò che lui e Hughes erano stati amici da bambini, e poi si erano persi. Quando Hughes diventò Poet Laureate, Donald gli mandò un biglietto di congratulazioni. Teddy gli rispose, invitandolo a passare qualche giorno nel Devon. E Donald accettò e con la moglie andò a stare nella casa dove aveva vissuto anche Sylvia Plath. Teddy non si vedeva granché, perché era molto impegnato con le sue faccende. Però, quando c'era, era molto gentile. Tutti lo amavano, uomini e donne. La regina madre e il principe Carlo avevano una vera e propria attrazione fisica per lui. Teddy era magnetico.

Ci ritrovammo la mattina dopo, alle sette e mezzo, quando faceva ancora fresco, e partimmo con la mia macchina noleggiata. Donald aveva creato un vero e proprio itinerario turistico, che includeva fiumi, canali, boschi, brughiere, forre e naturalmente la casa natale del poeta (da lì cominciò il nostro giro). Lo aveva già messo alla prova, quell'itinerario, con altri studiosi di Hughes e perfezionato nel corso di diversi anni. Per due giorni seguii Donald, ansimando sotto il sole, devastato dal raffreddore allergico, per luoghi impervi e segreti che, nonostante le lacrime e gli starnuti, ebbi lo scrupolo di fotografare. A Donald, che aveva superato da un pezzo la settantina, non mancavano né forza alle gambe né fiato. Come toccava la meta, tirava subito fuori dal sacchetto di plastica la sua copia di *Remains of Elmet*, il libro che Hughes dedicò a quei luoghi, e cominciava a leggere. Fotografai anche lui diverse volte, cosa che lo gratificava non poco. Lette nell'ambiente che le aveva ispirate, le poesie acquistavano forza e comprensibilità. Più passi oscuri mi si chiarirono, perché occorrevano le informazioni che Donald forniva ed era fiero di condividere. Su certe questioni era più perito di un critico accademico. Ma Donald non era uomo di lettere. Lui era curioso solo della poesia di Hughes e conosceva solo quella. Nominai Wordsworth ma mi disse di non averlo mai sentito. Ogni tanto interrompeva la lettura per sospirare "beautiful" o per constatare la perfetta corrispondenza tra le parole del poeta e i luoghi che ci circondavano. "It's all here, Nick," diceva battendo la mano sulle pagine consunte della sua edizione, con uno sguardo spiritato. E io, tra me e me, ridevo dei professori che continuano ad affermare l'indipendenza del testo poetico etc. etc. e si ostinano a ignorare che una poesia è parte di una vita, come ogni scrittura, fosse solo per il fatto che si impiega tempo – tempo della nostra giornata – a comporre un verso. Avrebbero dovuto vedere, quei professori, Donald fare lezione: un occhio al libro e uno al paesaggio, e la mano aperta sulla pagina, e la voce sicura e la memoria pronta a intervenire quando l'occhio divagava un po' troppo a lungo sulla linea delle brughiere. Mi insegnò moltissimo, Donald, e io lo ringraziai invitandolo nel miglior ristorante di Mytholmroyd, che poi era la cucina del Dusty Miller. La moglie, Helen, rifiutò di seguirci. Lei si cibava esclusivamente di piccoli panini al formaggio. Il mangiare, mi disse, la disgustava (però non aveva affatto l'aria denutrita). Proprio non capiva come noi italiani potessimo andare avanti a pasta. Helen mi offrì un ottimo cream tea e supplicò il marito di lasciarmi in pace, e Donald, anche se io avrei continuato ad approfittare della sua gentilezza e del suo amore per Teddy, acconsentì suo malgrado. Ci salutammo in strada, davanti alla rigogliosa lavanda del suo giardinetto, con una stretta di mano. Là fuori, lontano dagli occhi della moglie, mi fece dono di alcune fotografie inedite di Hughes giovane e di una lunga lettera che Hughes gli aveva scritto poco prima di morire, contenente informazioni preziose su certi luoghi e sul significato che avevano per lui. Mi augurò ogni bene e, come un vecchio profeta, con il suo forte accento settentrionale, leggendo nel mio futuro, disse:

"You should leave America. Why don't you go to Oxford or Cambridge?".

Proprio non se lo voleva mettere in testa che io ero nato in Italia.

Il rantolo

Voglio vedere il sole che passa per le fine-
stre del primo piano e si sfoga nella gran
sala per le finestre del fondo.

GIOSUE CARDUCCI

Adesso, per il papà, erano cominciati i problemi pol-
monari. Respirava male e tossiva in continuazione. La de-
glutizione gli riusciva difficile. Per cui mangiava meno.
Spesso rigettava il boccone. Con il cibo appena masticato
uscivano inguardabili fiotti di catarro e di bava. La tosse
non voleva fermarsi e lui, tossendo, piangeva disperato,
piangeva come un bambino affamato, implorando una tregua. Io e mia madre non potevamo fare nulla per aiutarlo.
Lei, incapace di provare schifo, ricorreva anche alle mani
per liberarlo dagli intoppi che lo soffocavano. Io, molto più
portato a stomacarmi, cercavo di soccorrerlo con qualche
cucchiaino di miele, che gli cacciavo in bocca tra un colpo
di tosse e l'altro. Ma finiva che il papà, dopo un attimo di
apparente sollievo, sputava tutto il miele in una volta e riprendeva a tossire più forte di prima.

La febbre non lo lasciava. Era in corso un'infezione pol-
monare. E questo significava che la morte era prossima.
Lui stava morendo da molto tempo. Tutti moriamo nel corso della nostra vita intera, ma c'è un momento in cui la morte si palesa in modo ufficiale. Quel momento, per mio padre, era arrivato. Il medico del Palazzolo non si pronun-
ciava sui tempi (i medici non si pronunciano mai sui tempi, come i professori universitari). Però, ci disse che il papà
non sarebbe andato avanti a lungo. Io, in quel periodo, scrissi ogni giorno una poesia per mio padre. Non avevo modo

migliore per comunicare con lui, per vivere con lui la sua fine. Avrei scritto quarantun poesie in quarantun giorni. Ogni poesia stava per un giorno in meno. Non sapevo, quando iniziai, quanto sarei andato avanti a scrivere. Ogni poesia poteva essere l'ultima. Mi ero ripromesso di smettere non appena mio padre avesse finito di respirare.

L'infezione si aggravò e il papà cambiò un'altra volta dimora. Finì al Niguarda, il grande ospedale cittadino. Al Niguarda il corpo di mio padre – creta nelle mani di quella grandissima artista che è la malattia – assunse i marchi della sofferenza estrema. Si coprì di piaghe, di ulcere e di lividi. Le mani si gonfiarono. Il viso si prosciugò. La bocca fu coperta dalla maschera dell'ossigeno e dalle braccia uscirono tubicini e cannucce, come filamenti patologici da una pianta vecchia. Lui era in uno stato pressoché continuo di incoscienza, sempre a occhi chiusi. Però, si lamentava, mugugnava, frignava. Ogni tanto, smetteva di colpo e, silenzioso, faceva le smorfie dei matti, come per liberarsi della mascherina. Ma non c'era un'intenzione in quel residuo di movimento, perché in lui non c'era più volontà, desiderio, pensiero, o almeno così credevo. Io gli accarezzavo la fronte, ma mi sembrava di accarezzarla al demonio che lo possedeva. La mamma gli strofinava le gambe e lo massaggiava con una buona crema profumata, e gli aggiustava il cuscino e il lenzuolo.

Negli ultimi giorni, i lamenti del papà si erano ridotti a un rantolo perpetuo, monotono, a parte l'innalzamento periodico del volume. In camera non era solo. C'erano anche un signore di Napoli, al quale avevano tolto un rene, e un marocchino, che non aveva né casa né famiglia e periodicamente finiva all'ospedale, per qualche malattia. Tutti e due erano in via di guarigione. Mi chiedevo come quei due poveretti potessero sopportare la presenza funerea e il rantolare di mio padre. Ero veramente imbarazzato, se posso usare quest'aggettivo per descrivere la strana vergogna in cui mi precipitava quel suo rantolo. Come riuscivano a dormire? Cosa pensavano di quell'ospedale, che ricoverava, indistintamente, moribondi e infermi qualunque nelle stesse camere? Avevano odio per quel corpo rovinato, offeso, ulceroso da cui fuoriusciva quel suono quasi magico, come il misterioso fischio mattutino dalle pietre del Colosso di Memnone? Queste domande mi ponevo, ma l'unica vera domanda cui cercavo di dare una risposta era un'altra: perché soffriamo? La vista di mio padre morente mi metteva davanti la violenza della nostra condizione umana: io, senza nessuna volontà di partecipazione, assistevo *come un sadico* ai tormenti di un indifeso. La nostra impotenza ci è imposta. Ma non è una scusa...

Domandai al signore di Napoli se mio padre rantolasse a quel modo anche la notte, se lo disturbasse. Il signore, anziché confermare i miei timori, mi disse:

"No, suo padre se ne sta sempre buono buono".

Più ancora che la risposta mi colpì il tono dell'uomo, pietoso, per nulla infastidito. Capii che non mi mentiva, che non stava cercando di rassicurarmi – che davvero mio padre non rantolava abitualmente. Allora lo misi alla prova. Dissi a mia madre, che era con me, di tacere. Ci zittimmo tutti e due. Il rantolo proseguì per qualche secondo, quindi smise. Riattaccammo a parlare. Il rantolo riprese. Smettemmo di nuovo. Smise anche lui. E così per diverse volte. Era chiaro. Quel rantolo era quanto restava della capacità di mio padre di comunicare. Quel rantolo si inframmetteva alle parole mie e di mia madre – dà i brividi pensarlo, ma fu così! – come la parte di una conversazione. Era la voce della malattia che si modulava un'ultima volta, con l'unica sostanza che le rimaneva – il lamento nudo –, nello sforzo istintivo di trascendere il declino estremo, il silenzio. Fu l'ultima volta che io e mio padre ci parlammo. Fu il nostro ultimo dialogo.

Oxford

...vis maxima est, ut simus ii, qui haberi velimus

CICERONE

Ero sprofondato nuovamente nell'ansia del futuro. Che sarebbe stato di me? Dove sarei andato? Appoggi non ne avevo più. E comunque, come avrei potuto credere ancora negli appoggi? Corona mi aveva ingannato; Magnoni mi aveva messo da parte. Non c'era differenza tra il cattivo e il buono. I Baroni sono Baroni e basta. Non si differenziano in base ad alcun criterio morale, ad alcuna intenzione.

Restava solo una cosa da fare, la peggiore, la più ingiusta, quella cui Corona mi obbligava con prepotenza e cui Magnoni mi abbandonava con cinismo: tornare a Palermo, proprio così, a Palermo, come se niente fosse successo, e lì, a Palermo, ricominciare. Inutile dire che ogni fibra del mio essere si ribellava a questa prospettiva. Il mio stesso corpo si rifiutava di obbedirmi. Ormai era tutto un prurito. Le gengive mi sanguinavano. Gli occhi, straziati dalla congiuntivite, non la smettevano di lacrimare. E un bruciore di stomaco interveniva puntuale ogni notte a privarmi del sonno.

Un amico avvocato mi consigliò di starmene tranquillo a Milano e di continuare a prendermi lo stipendio senza muovere un dito. L'Italia è piena di accademici che vanno avanti a quel modo... Certo, far finta di niente era una possibilità. Ma io avevo voglia di lavorare e, soprattutto, a questo punto, non intendevo perdere l'idoneità che mi ero conquistato tanto faticosamente. Per cui, dopo una lunga notte insonne, avendo già discusso per diversi giorni la faccenda con mia madre e con vari amici, mi risolsi a comprare un biglietto aereo per Palermo.

La Fortuna, però, non fu contenta di questo troppo prevedibile epilogo e decise di intervenire con un prodigio, uno di quelli che si leggono nei poemi epico-cavallereschi, come l'anello che rende invisibili o l'arrivo del paladino che ti libera dall'Orca. Mancava solo una settimana alla mia partenza quando, nella posta elettronica, trovai una lettera dell'Università di Oxford. Ero invitato a spedire alcuni saggi della mia scrittura e a tenere, di lì a breve, a Saint Cross College, una lezione di venti minuti su un qualunque argomento di letteratura italiana.

Ero finalista!

La domanda che avevo scritto e spedito da Londra l'estate prima aveva funzionato come il più classico dei messaggi in bottiglia.

Di lì a poco, una seconda lettera della stessa università mi convocava per la settimana successiva.

Cancellai immediatamente il volo per Palermo e cominciai a pensare alla lezione da tenere a Oxford. Su quale argomento sarebbe stato meglio che la tenessi? Indicazioni non ne erano fornite. Ero libero di scegliere quello che più mi interessasse o piacesse. E che cosa mi interessava? Non c'erano dubbi. Io preferivo il Rinascimento a qualunque altra epoca. Però, forse, a Oxford, non cercavano un rinascimentalista. Forse cercavano un modernista e, allora, avrei fatto meglio a scegliere per argomento la poesia moderna o il romanzo dell'Ottocento... Pensai che, in ogni caso, sarebbe stato più utile parlare di un grande autore. L'epoca, in fondo, non importava. Manzoni? No, troppo difficile, troppo confuso. Petrarca? Mah... Leopardi! Però all'estero Leopardi non è popolare. E Foscolo non interessa. C'erano Ariosto, Tasso, Machiavelli, Guicciardini... Poliziano! O magari Lorenzo! Per qualche giorno mi rigirai nell'indecisione, affascinato ora da un'idea ora da un'altra. Alla fine, diradatasi la nebbia di mille ipotesi diverse, rinunciando a indovinare i desideri e i bisogni del dipartimento oxoniense, decisi che avrei tenuto una lezione su Gaspara Stampa. Nella mezz'ora assegnata sarebbe stato più facile presentare l'opera di questa brava poetessa che non imbastire il più sintetico discorso introduttivo su un qualunque grande autore del Rinascimento. Inoltre, nei dipartimenti stranieri, soprattutto quelli angloamericani, le donne sono tenute in notevole considerazione. E il caso di Gaspara Stampa si prestava anche a interessanti incisi sulla condizione femminile nel Cinquecento, sul ruolo delle cortigiane, sul rapporto tra cultura e potere, tra petrarchismo e genere sessuale...

A Oxford arrivai tardi, nel buio. C'era aria d'autunno, ma non pioveva. Come scesi dall'autobus, mi squillò il cellulare. Era mia madre. Con voce molto tranquilla mi disse che il papà non avrebbe passato la notte.

Entrai nel college di Oscar Wilde, dove mi avevano assegnato un alloggio, con le lacrime agli occhi. Il portiere mi mise in mano una mappa e mi indicò come arrivare al mio appartamento. Trasognato, attraversai cortili deserti e lunghi corridoi poco illuminati, su cui si affacciavano porticine e scaloni. Infine, in cima a una stretta scala, in fondo a un angusto pianerottolo, trovai il mio appartamento, due belle stanze, arredate con mobili antichi, e un bagno grandissimo, surriscaldato. Tutte le finestre davano su un meraviglioso cortile erboso. Il silenzio era profondo, dentro e fuori.

Uscii subito per cenare. Camminai per strade sconosciute e labirintiche e arrivai a un piccolo ristorante, già vuoto, perché l'ora della cena era passata da un pezzo. Non avevo fame. Ordinai un tè e una fetta di torta al cioccolato e tirai fuori il testo della mia lezione e le poesie di Gaspara Stampa. Ma non lessi un rigo né dell'una né delle altre. Si era messo a piovere. Rimasi tutto il tempo a guardare i passanti attraverso il vetro punteggiato di goccioline.

Tornai a Magdalen College. Non chiusi occhio tutta la notte. Sentii, ogni ora, il suono della campana e di ora in ora, non avendo tirato le tende, vidi rischiararsi il cielo. Alle sei mi alzai e chiamai la mamma. Si trovava all'ospedale. Il papà era ancora vivo, ma era in condizioni molto gravi. Tirai un sospiro di sollievo. Mi buttai sotto la doccia, indossai la mia camicia più elegante e, sfinito, con gli occhi che mi bruciavano, mi preparai ad affrontare la commissione.

Alle undici tenni la lezione. E a mezzogiorno e mezzo pranzai al college al quale era affiliato il posto per il quale concorrevo. Fece gli onori di casa il senior tutor, un tedesco che aveva lasciato la Germania qualche anno prima e a Oxford insegnava Storia del colonialismo. In quell'occasione conobbi anche le altre candidate. Uso il femminile, perché erano tutte donne, in numero di cinque. A tavola regnò un clima simpatico e allegro. Il senior tutor, sbranando un cosciotto d'agnello, ci raccontò la storia del college ed elogiò la bravura degli studenti e i vantaggi della vita oxoniense.

Nel primo pomeriggio il colloquio. Durò anche questo, come la lezione, esattamente mezz'ora. I commissari, nessuno dei quali avevo mai incontrato prima né lì né altrove, mi accolsero con affabilità, ma non senza una certa formalità, per cui neanche per un secondo dimenticai che loro erano i giudici e io il giudicato. Mi colpirono soprattutto l'attenzione con cui venivano ascoltate le mie risposte e la competenza con cui venivano discusse le mie affermazioni, sia d'ordine letterario sia didattico. Se anche era destino che io non vincessi, quel colloquio doveva rimanere tra le esperienze professionali più positive che mi fosse mai capitato di fare.

Il concorso di Cambridge di alcuni anni prima (te ne ricordi, lettore?) mi aveva insegnato che gli inglesi prendono le decisioni con straordinaria rapidità. Dunque, era sottinteso che il candidato vincente sarebbe stato contattato quella stessa sera, come mi confermò una delle cinque concorrenti, una spiritosa signora di Durham, con la quale andai a bere una birra alla fine del pomeriggio.

Mi ritirai nella mia stanza di Magdalen College ad aspettare. Anche quella sera rinunciai alla cena. Alle dieci nessuno mi aveva ancora chiamato. Alle undici nemmeno. Arrivò la mezzanotte e, a quel punto, mi rassegnai a passare ancora una notte nell'incertezza. Telefonai un'ultima volta alla mamma. Neanche lei aveva novità da comunicarmi.

Mi alzai prestissimo. Alle sette ricominciai ad aspettare. Questa attesa inconsueta o almeno imprevista accresceva la mia ansia, ma non mi induceva a disperare. Mettevo in conto che potessero aver scelto qualcun altro, però la mia mente si preoccupava unicamente di una cosa: che quella benedetta telefonata arrivasse, qualunque fosse il responso.

Il mio cellulare squillò solo dopo che ebbi raggiunto l'aeroporto, mentre mostravo il passaporto al check-in. Lessi sul display illuminato un numero inglese e all'istante mi tolsi dalla coda, perdendo il turno.

"Good morning, professor Gardini!"

Era la presidente della commissione. Subito si scusò per il ritardo della chiamata e mi spiegò che i lavori della commissione erano durati fino a tarda sera, poiché i colloqui erano terminati solo verso le sette e i verbali erano stati tutti firmati solo poco prima della mezzanotte.

"No problem," ripetevo, esibendo un certo distacco per paura di tradire l'ansia in cui avevo vissuto fino a quel momento, ma in fondo anche per prolungare di qualche istante un'incertezza che aveva alimentato tanto piacevolmente l'attesa. Infine la notizia: la commissione, all'unanimità, aveva deciso di offrire a me il posto. Volevo accettare? Mi occorreva tempo per rispondere?

"No, I don't need any time," dissi, sentendo all'improvviso il sapore delle lacrime in fondo alla gola. "Yes, I accept."

Fine

Tornò sereno il cielo e l'aura cheta
TORQUATO TASSO

Folli son quey che vi stanno
FRANCESCO DA BARBERINO

Oportet ire
ENEA SILVIO PICCOLOMINI

Quel giorno la mamma era venuta a pranzo da me. Avevamo parlato della nuova vita che mi aspettava, con la cartina di Oxford spiegata sul tavolo. Avrei tenuto la casa di Milano? A Oxford dove sarei andato ad abitare? Avrei preso una casa in affitto o l'avrei comprata? O avrei abitato in college? La mamma mi consigliava di andare in affitto all'inizio.

"Così hai tutto il tempo di guardarti in giro. Ti fai un'idea e compri nella zona che più ti piace."

Era contenta.

"È finito un incubo," diceva con un mezzo sorriso.

"Veramente sei contenta?" mi assicuravo, temendo che il pensiero della mia imminente partenza la abbattesse.

"Certo! Che altro potrebbe desiderare di più una madre? Anche tuo padre sarebbe contento, poveretto..."

Sulla porta, salutandola, le dissi:

"Adesso non passare dall'ospedale. Va' dritta a casa, per favore. Lascialo solo, per oggi. Lascialo in pace. Se continui ad andare, ogni giorno, il papà non muore".

E lui, quel pomeriggio, l'unico in cui lei non fosse passata a trovarlo, morì.

Stavo uscendo dalla palestra. Il cellulare squillò. Capii subito.

"Il papà è appena morto!" piangeva la voce della mamma, colma di disperazione. "Corri al Niguarda, prima che

lo portino all'obitorio e non ce lo facciano più vedere!
Corri!"

In piazza Cavour saltai su un taxi. Il tassista, vedendomi piangere, mi domandò:

"È successo qualcosa?".

E io:

"È morto mio padre".

Lui disse: "Condoglianze" e, nonostante fosse l'ora di punta, riuscì a portarmi al Niguarda in poco meno di mezz'ora, seguendo un percorso alternativo a quello della trafficatissima circonvallazione.

Quando arrivai al reparto, mio padre già non era più nel suo letto. Allarmato, mi rivolsi a un'infermiera. "Dov'è mio padre?... Gardini!"

Lei, senza scomporsi, mi indicò una porticina, in fondo al corridoio.

"È lì," disse semplicemente. "Vada pure."

Arrivai alla porticina e senza esitazione la aprii.

Mi aspettavo di vederlo riposare, finalmente. Invece, lì, dalla soglia, scorsi la più inequivocabile dimostrazione dell'errore che commettono i poeti paragonando la morte al sonno. Una persona che dorme non sembrerà mai morta, perché, per quanto immobile sia, la vita è in ogni sua fibra e la anima, la colora, la esalta. La vita, più ancora che nel movimento, si manifesta nello stato di quiete, nel suggerimento dell'azione *che sarà*... Da un morto non potremmo mai aspettarci un gesto, anzi il pensiero rifugge con orrore dal concepire un'eventualità del genere, perché sappiamo profondamente, dalla notte dei tempi, fin da quando siamo bambini, che non è possibile e non è giusto che un morto *appartenga al futuro*... Mio padre era morto. Ogni sua fibra incarnava ormai solo qualcosa che era stato. Un cadavere è la più perfetta rappresentazione del passato. Per questo ci affascina e ci ripugna: noi esseri umani siamo fatti per l'avvenire.

Ero sconvolto, e non solo per queste ragioni, che pure, lì per lì, affioravano nella mia mente solo in maniera imprecisa. In quel breve istante io non vidi mio padre morto:

io vidi l'orrore. Lui si era spento da un'ora e il suo volto, che era divenuto spettralmente giallo, e intorno agli occhi si era macchiato di rosso, come per un ultimo pianto, portava i segni di una lotta dolorosissima; e il dolore che vi leggevo comunicava il paradossale aspetto di una tardiva, improvvisa intelligenza. No, non aveva per nulla l'aria di dormire. Sembrava un ucciso. Lo avevano ucciso a tradimento e lui se n'era accorto. L'espressione contrariata che gli scomponeva i tratti parlava più di un atto di accusa scritto.

Chiusi di scatto la porticina, ansimando per lo spavento, e non osai riaprirla. Scosso dai singhiozzi, rimasi ad aspettare mia madre vicino all'ascensore. Lei arrivò poco dopo. La accompagnai davanti alla porticina e lei, senza badare alle mie raccomandazioni, si buttò sul cadavere con un abbandono, con un amore che non si possono descrivere.

"Bello! Bello!" gridava, accarezzandolo e coprendolo di baci. "Bello il mio Bruno! Caro, caro, come sei bello!"

Qualcuno venne, stese sul corpo che era stato mio padre un lenzuolo e lo portò nei sotterranei. Io e mia madre dietro.

Lo rividi, da solo, il giorno dopo, nella camerina dell'obitorio. Era vestito a festa con i panni che la mamma aveva portato la sera prima; e il suo viso si era disteso, pur restando di un'agghiacciante tinta giallognola. Questa volta non mi fece paura, ma lo stesso non riuscii a toccarlo. Sistemai un mazzo di rose ai suoi piedi e lo guardai a lungo. Lo ritrassi, a penna, sul mio diario. Tutti i tratti erano divenuti ancora più sporgenti e aguzzi di quanto già li avesse resi la malattia, come quelli delle streghe delle fiabe. Poi arrivò anche la mamma. Era tranquilla. Lei, invece, lo toccava, il morto. Dovetti dirle di non scomporlo, perché quello non era un organismo, ma un residuo già governato dalla chimica della decomposizione. Lei, allora, con grande risoluzione, mi chiese carta e penna e si mise a scrivere, cosa che non rientra affatto nelle normali pratiche di mia madre. Scrisse per un paio di minuti, di getto, con passione. Rilesse e mi consegnò quel che aveva scritto. Era una lettera d'amore, con cui lei gli prometteva fedeltà eterna. La piegò e gliela mise nel taschino. Quella lettera bruciò con tutto il resto una settimana dopo.

La malattia era finita. La fatica era finita. Ma né io né mia madre ci sentivamo sollevati. Il sollievo non sarebbe mai arrivato. Niente può ripagare anni di sofferenza; niente può cancellare un'ingiustizia.

La lettera che non scrissi

Non resta
che far torto, o patirlo
ALESSANDRO MANZONI

La nostra giovinezza è in tasca a quell'uo-
mo; il giorno che lo arrestano e lo perqui-
siscono, gli trovano addosso i nostri
vent'anni.

VITALIANO BRANCATI

Tutti i periti, e d'ogni sorta medici, hanno
e aranno discettare sulla maialata.

Il male deve essere noto e notificato.

CARLO EMILIO GADDA

L'idea di questa storia mi è venuta a Oxford, una bella mattina dello scorso autunno. Vincenzo Consolo, alla Maison Française, parlava di antiche migrazioni, di violenze e di morti sconce, e io guardavo fuori dai finestroni le chiazze bianche di sole sull'erba e gli scoiattoli ruzzolare. La stessa sera, nella tranquillità di Magdalen College, raccolto nel cerchio di luce che proiettava l'antica lampada da tavolo, cominciavo a buttare giù appunti, pieno di allegria, perché è sempre un giorno di festa quello in cui uno scrittore riconosce il filo di una storia e sente che, prima o poi, arriverà in fondo.

Gli amici italiani mi avevano più volte incoraggiato a scrivere una lettera ai giornali. "Devi scrivere ai giornali!" "Devi scrivere ai giornali!" La gente, che strano, crede nei giornali...

Non li ascoltai. Che cosa avrei *dovuto* scrivere ai giornali? Che mi ero stufato? Che ero salito sul treno sbagliato e, perciò, alla prima occasione, ne ero sceso? Che ero uno di quegli esseri mostruosi che con altrettanto mostruosa sineddoche si definiscono "cervelli in fuga"? A me ormai, cervello o no che fossi, premeva solo andarmene, partire, sparire. Poco importava che io, nell'università, un posto fisso l'avessi trovato e che il sistema, poi, non riconoscendo in me né un raccomandato né un tirapiedi, mi avesse rigettato come una sostanza estranea e inassimilabile. Loro – cioè il sistema – non mi avevano voluto, e io non avevo voluto loro. Che c'era da spiegare? A me bastava piantarla in asso, la cosiddetta *università* (quale buon esempio, questo vivaio di *particolarismi*, delle radicali contraddizioni in cui cadono talvolta etimologie e significati nel corso del tempo!). A me bastava licenziarmi. Dare le dimissioni. Pochi l'hanno fatto. Io ne ho incontrati quattro o cinque. Non si può descrivere quanta soddisfazione dia – la soddisfazione di permettersi il massimo spreco, di gettare alle ortiche una "carriera" costruita a fatica; la soddisfazione di dimostrare al mondo, con un gesto apparentemente irresponsabile, che noi abbiamo mire più alte, e che il mondo ha torto a credere in quello in cui crede che dovremmo credere. Fu facilissimo. Tanto è difficile entrarci quanto agevole uscirne. Sbrigai la faccenda con una semplice raccomandata, poche righe. "Io sottoscritto Nicola Gardini rassegno le dimissioni dal posto blablabla a partire dal giorno blablabla..." Dopo un anno sarebbe arrivata la liquidazione.

"E a loro non dici niente?" insisteva un collega veneziano, che non si capacitava che togliessi il disturbo senza una parola. "Ora te lo puoi permettere," mi incoraggiava. "Diglielo chiaramente che razza di gente sono." No, non dissi niente.

Per la verità, un biglietto lo scrissi, indirizzato alla preside di facoltà. Ringraziavo lei e gli altri professori della facoltà di avermi aiutato, con la loro metodica ostilità, a trovare un posto più adeguato alle mie attitudini. E pronunciavo, alla fine dell'ultima riga, il nome magico: Oxford. Lessi e rilessi il biglietto ma, alla fine, non lo spedii. Però, mi era servito scriverlo; mi aveva tolto dalla mente certi pensieri. L'ultima cosa che desideravo nella vita era continuare a corrispondere mentalmente con chi mi aveva trattato a quel modo. Non lo spedii – anche se ero soddisfatto del piccolo saggio di sarcasmo che avevo composto – perché con quelle persone io non intendevo avere più alcun contatto. Inoltre temevo che, ricevendo un biglietto del genere, fossero indotti a credere che io ce l'avessi con loro, che me ne andassi pieno di rancore. Non era così. Io non ce l'avevo con loro. In fondo, come avevo spiegato nel biglietto non spedito, a me il dipartimento di Palermo aveva fatto solo un gran favore. Io ce l'avevo e ce l'ho con i Baroni, i quali sono colpevoli di fronte a *tutti* gli italiani. Preoccupati di promuovere solo le loro cause personali, incuranti dello sviluppo del sapere e delle coscienze, i Baroni provocano ogni giorno, nella più arrogante certezza dell'impunità, danni incalcolabili al patrimonio umano e intellettuale dell'intero paese. I Baroni operano contro la cultura e contro la libertà. I Baroni sono colpevoli di un crimine tremendo: rubano il futuro.

Io mi mettevo in salvo. Ma gli altri, quelli che restavano e vedevano i loro ideali calpestati e se stessi destinati a soccombere miseramente e a ridursi a servi o, nel migliore dei casi, a cinici replicanti? Eppure non sentivo alcuna simpatia nemmeno per le "vittime", che si lasciavano umiliare senza protesta e come cani famelici aspettavano qualche briciola accucciati ai piedi dei banchettanti. Aspettavano di diventare come quelli: Baroni pure loro. E l'attesa li rendeva già anche troppo simili ai modelli.

Potrà sembrare ingiusto che io parifichi le vittime ai carcerieri (tali, infatti, sono i Baroni, che ti *imprigionano* per anni, fin dal giorno della laurea, con promesse più e meno fondate di carriera e dispongono della tua vita come piace a loro). Dunque, caro lettore, chiariamo una volta per tutte il significato del termine che ho scelto per titolo di questa storia. La baronia è una lingua. Baroni sono tutti coloro che la parlano. Certo, bisogna distinguere un Corona da una Rosi, i "Baroni forti" (i Baroni per eccellenza) dai "Baroni deboli". Questi ultimi, anche se non prendono parte alle decisioni finali e sono fatti solo per obbedire e illudersi, sono però importantissimi. Senza la loro cooperazione, infatti, i primi non esisterebbero, così come non esiste padre senza figlio. I Baroni deboli servono la causa dei Baroni forti, quelli che esercitano ufficialmente il potere. Non solo si identificano con loro e cominciano da subito a pensare come loro, ma sono, nella sostanza, perfettamente uguali a loro, poiché, anche quando mal sopportano il predominio degli altri, non lo vorrebbero affatto abolito ma lo vorrebbero solo per sé, immediatamente.

I più deprecabili, però, sono i "dissidenti", quelli che, dall'alto delle loro scranne, si vantano di non stupirsi più di nulla. Dissidenti sono soltanto coloro che possono permettersi di dissentire, cioè quelli che sono arrivati e perciò non hanno più la preoccupazione di inseguire i concorsi. Né, d'altra parte, si vedrà mai un dissidente pilotare un concorso per qualcun altro. E non per nobiltà d'animo. La purezza, nell'università italiana, non esiste. Pur sembrando mondi dalla corruttela dei colleghi potenti o solo "intriganti", i dissidenti, in verità, non intendono muovere un dito per nessuno e pensano unicamente alla propria tranquillità. Sono Baroni al contrario, in un certo senso; ma pur sempre Baroni anche loro, in quanto non ostacolano in nessun modo lo strapotere degli altri.

In sette anni di servizio non ho trovato un solo dissidente che avesse il coraggio o la voglia di esprimere il suo dissenso apertamente. I dissidenti sono numerosi, ma non contano, perché stanno a guardare. Provano schifo, ma non si spostano. Sono i primi a gridare allo scandalo, ma alla fine accettano di buon grado che le cose restino così. Tra i conniventi hanno il primato della viltà, perché spacciano il loro opportunismo e la loro ignavia per resistenza. Per i dissidenti, che avrebbero gli strumenti per cambiare le cose e non li usano, ho sempre provato la massima vergogna. Io li capivo, perché per un certo periodo, fintanto che ho subìto lo stato delle cose, non ero diverso da uno qualunque di loro. Le pagine di questo memoir vanno prese anche per un *mea culpa*.

Nemmeno ai dissidenti, quando fu il momento di partire, dissi niente. Il senso del trionfo, la conquista della salvezza, in me, ebbero la meglio sull'indignazione e si tradussero in puro e semplice sollievo. Finalmente respiravo, l'orizzonte tornava a mostrarsi nella sua vastità, la vita mi appariva com'è e deve sempre essere, in qualunque età: vivibile.

I mesi, intanto, sono passati. La lettera ai giornali non l'ho scritta e non la scriverò. Però, intanto, mi è venuta la voglia di raccontare. Quello che mi è capitato si è composto nella mia mente in una trama, e ha smesso di essere un insieme di eventi e persone del mio passato. Quegli eventi e quelle persone non mi appartengono più. Per questo ho provato a scriverne, senza paura di dire troppo o troppo poco o quello che non serve.

Nessuno, riconoscendosi, si offenda per le necessarie concessioni alla fantasia. Come insegna Torquato Tasso, massima autorità in simili faccende, esiste la "istoria", da una parte, ed esiste, dall'altra, la "fabula". Anche Senofonte cambiò la morte di Ciro per renderla più vera.

Oxford, autunno 2008

Indice

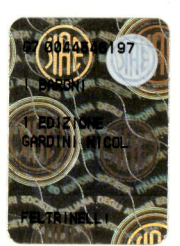